写给爸妈 的 拉伸书

简单练·不僵硬·更年轻

[西] 玛丽亚·何塞·波塔尔·托里塞斯（María José Portal Torices） 著

刘翰林 译

视频
跟练版

人民邮电出版社

北京

图书在版编目（CIP）数据

写给爸妈的拉伸书：简单练、不僵硬、更年轻：视频跟练版 /（西）玛丽亚·何塞·波塔尔·托里塞斯著；刘翰林译. -- 北京：人民邮电出版社，2024.4
 ISBN 978-7-115-63079-7

Ⅰ. ①写… Ⅱ. ①玛… ②刘… Ⅲ. ①健身运动—中老年读物 Ⅳ. ①G883-49

中国国家版本馆CIP数据核字(2023)第208630号

版 权 声 明

免 责 声 明

本书内容旨在为大众提供有用的信息。所有材料（包括文本、图形和图像）仅供参考，不能用于对特定疾病或症状的医疗诊断、建议或治疗。所有读者在针对任何一般性或特定的健康问题开始某项锻炼之前，均应向专业的医疗保健机构或医生进行咨询。作者和出版商都已尽可能确保本书技术上的准确性以及合理性，且并不特别推崇任何治疗方法、方案、建议或本书中的其他信息，并特别声明，不会承担由于使用本出版物中的材料而遭受的任何损伤所直接或间接产生的与个人或团体相关的一切责任、损失或风险。

内 容 提 要

本书是专为中老年人打造的拉伸训练指南。本书在简要介绍中老年人拉伸的基础知识后，重点介绍了颈部、上肢、躯干、髋部和下肢的拉伸运动，最后还就中老年人的饮食、放松、睡眠等健康习惯进行了阐述。本书介绍的拉伸运动简单易学，在家即可开展，便于中老年人实施。中老年人进行这些拉伸运动，可以提升肌肉的柔韧性和关节的灵活性，提升生活质量。

- ◆ 著　　　[西] 玛丽亚·何塞·波塔尔·托里塞斯（María José Portal Torices）
　　译　　　刘翰林
　　责任编辑　刘日红
　　责任印制　彭志环
- ◆ 人民邮电出版社出版发行　　北京市丰台区成寿寺路 11 号
　　邮编　100164　　电子邮件　315@ptpress.com.cn
　　网址　https://www.ptpress.com.cn
　　北京盛通印刷股份有限公司印刷
- ◆ 开本：787×1092　1/16
　　印张：9　　　　　　　　　　　2024 年 4 月第 1 版
　　字数：212 千字　　　　　　　2024 年 4 月北京第 1 次印刷
　　著作权合同登记号　图字：01-2023-1384 号

定价：69.80 元

读者服务热线：(010)81055296　印装质量热线：(010)81055316
反盗版热线：(010)81055315
广告经营许可证：京东市监广登字 20170147 号

引言

随着年龄的增长，人们的身体机能开始逐渐衰退。如果仍保持一些不恰当的生活习惯，如久坐、身体姿势不正确、过度劳累、长期缺乏运动等，那么人们身体的衰老迹象会越来越明显地体现在外表上；同时，也会对人体的健康产生更严重的影响。

从35～40岁开始，人体肌肉的柔韧性和关节的灵活性逐渐下降，变得更加僵硬和脆弱，这就导致身体的运动受到了限制，并开始出现一些因磨损而产生的症状，如紧张、不适和疼痛等。

因此，进行体育锻炼对于保持身体健康是非常重要的。本书所介绍的各项拉伸运动可以预防和缓解上述身体负面影响，有助于提升肌肉的柔韧性和关节的灵活性，给身体带来积极的益处；同时，能够帮助使用者更好地完成一些日常活动，如系鞋带、梳头等。本书中的各项训练不仅对中老年人和那些希望针对部分身体部位进行适度练习的人有很大帮助，还可以为理疗、体育和其他身体学科的专业人员提供实用的指导。

本书首先解释了进行拉伸运动时采用正确姿势和保持适当呼吸节奏的重要性，详细讲解了拉伸运动的类型、阶段和解剖学动作。其中，作者细致展示了各项拉伸运动的起始姿势，掌握这些姿势是正确进行拉伸训练的先决条件。

其次，本书根据需要拉伸的身体主要部位对拉伸运动进行了分组：颈部、上肢、躯干、髋部和下肢。尽管髋部隶属于身体下肢，但由于其重要性和复杂性，本书将其单列为一章。需要说明的是，这种分组方式并不是要将拉伸运动简化在单一的身体部位中。身体是一个整体，各个部位相互关联，因此从头到脚对身体的各个部位进行拉伸是非常重要的。

本书的最后介绍了有关健康习惯的内容，这些健康习惯结合拉伸运动，有助于身心健康，从而使人们过上更充实的生活。

本书作者

玛丽亚·何塞·波塔尔·托里塞斯（María José Portal Torices）是西班牙瑜伽从业者协会（Asociación Española de Practicantes de Yoga, AEPY）认证的瑜伽教师，也是欧洲瑜伽联盟（Unión Europea de Yoga, UEY）的成员。她在巴塞罗那自治大学（Universitat Autònoma de Barcelona, UAB）获得了护理学学士学位和自然疗法医学硕士学位；同时，她也在巴塞罗那大学（Universitat de Barcelona, UB）获得了人类学硕士学位。

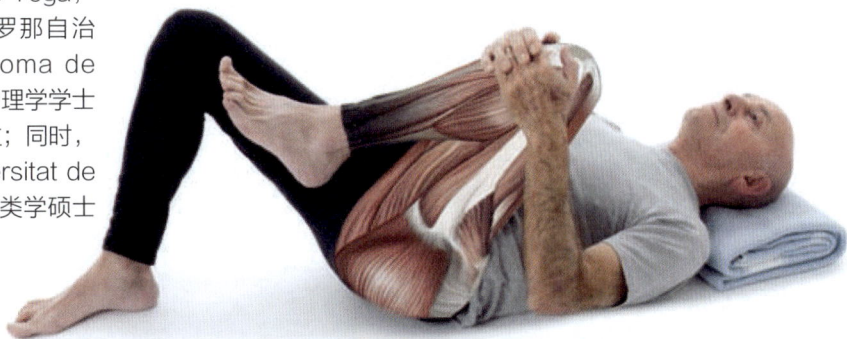

目录

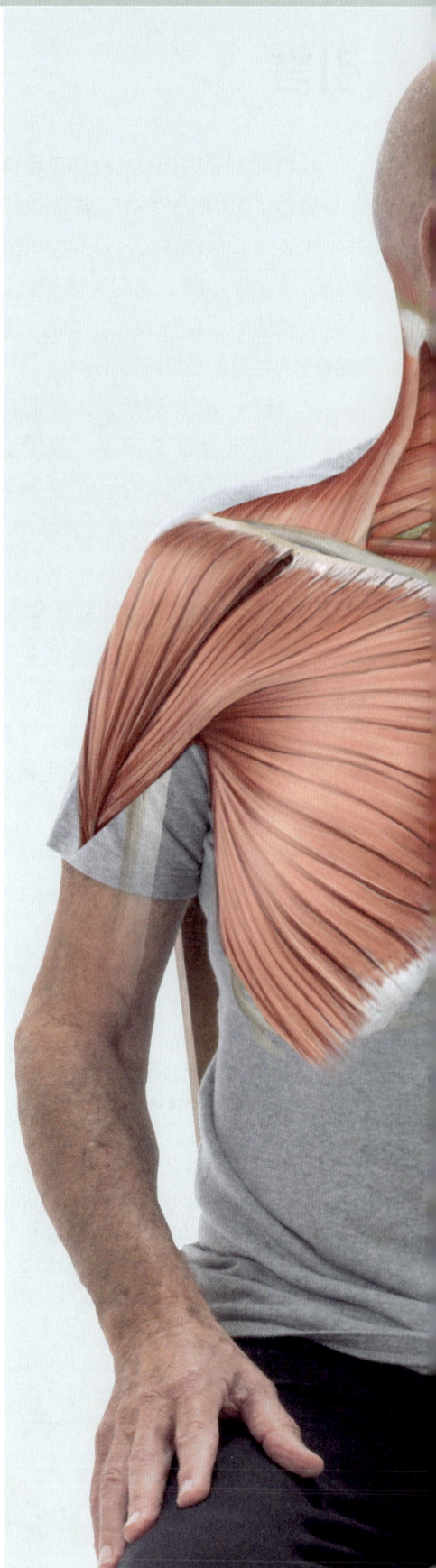

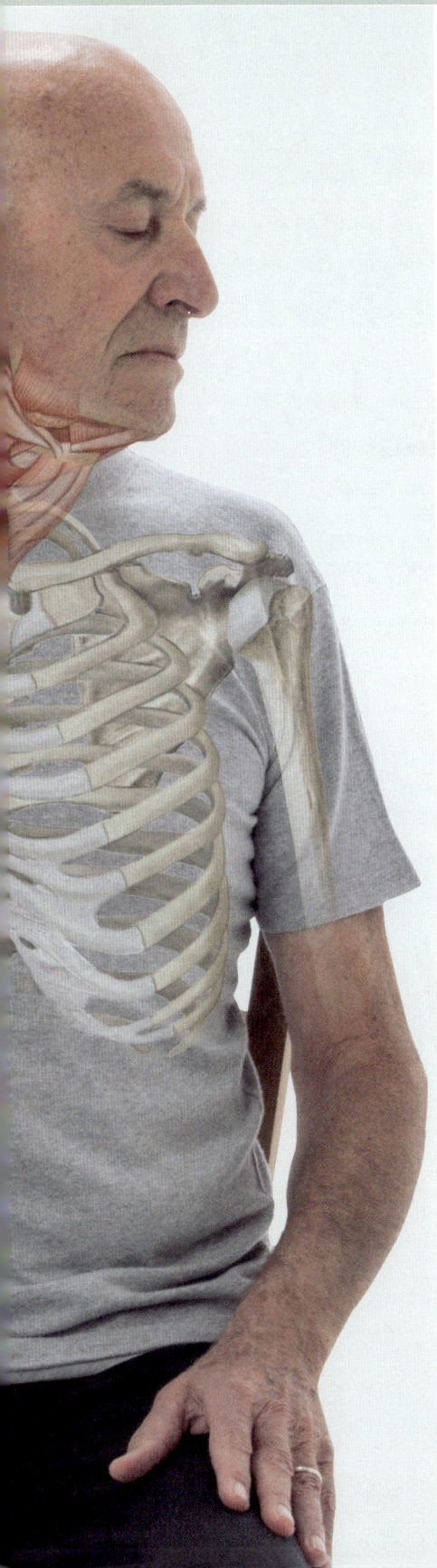

如何使用本书

温馨提示　　拉伸动作的名称　　　起始姿势　　　运动技巧

躯干动态拉伸运动：屈曲和伸展（坐姿）

起始姿势

- 坐在椅子边缘，背部挺直，骨盆稍微后倾，寻找坐骨支撑。
- 头部伸直，与躯干平齐，下颌略微内收。
- 双脚朝前，双腿平行且与髋部同宽。
- 双手放在大腿上。
- 下颌放松。

运动技巧

- 将手放在膝盖上，手指向下，手肘弯曲。
- 深吸气，然后呼气，在呼气的同时弯曲背部，低头，下巴朝胸部靠近。
- 腹部收紧，背部向上弯曲，骨盆微微后倾。
- 完成上述动作后，吸气，骨盆开始前倾，背部向下压，头向上抬起，但下巴不要抬起过高。
- 完成上述动作后，调整呼吸，再次开始弯曲背部，重复练习 6～10 次。

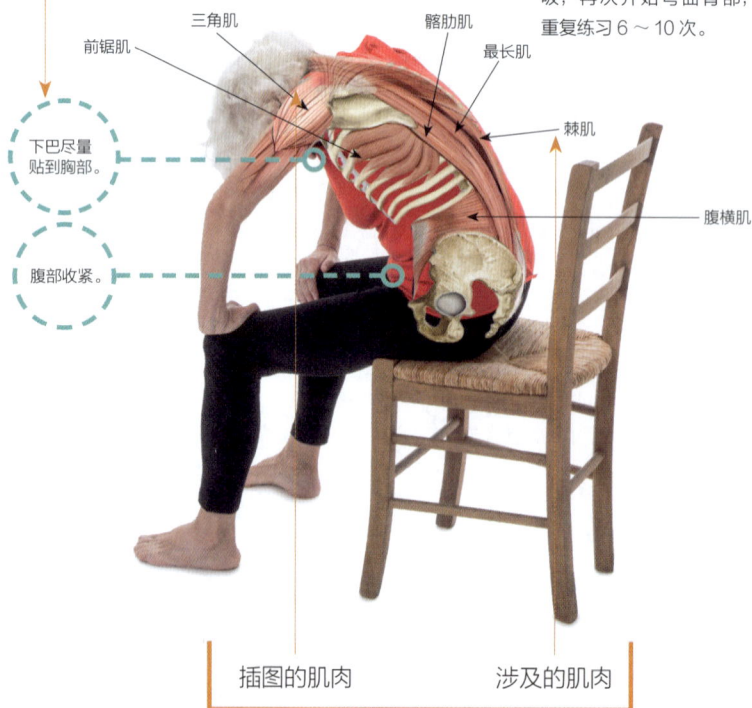

三角肌　　髂肋肌　　最长肌　前锯肌　棘肌

下巴尽量贴到胸部。

腹部收紧。

腹横肌

插图的肌肉　　涉及的肌肉

肌肉类型

可见肌肉

隐藏肌肉

运动位置　　　　动作顺序　　　　健康益处和
　　　　　　　　　　　　　　　注意事项

躯干动态拉伸运动：屈曲和伸展（坐姿）

75

动作顺序

①　②　③　④　⑤

标有此图标的
拉伸动作可查
阅视频教程

主要的起始姿势见第 16 页和
第 17 页的描述

健康益处 ▼

- 减缓背部和颈部的不
  适和疼痛。
- 使脊柱和骨盆更灵活。
- 改善和调节消化功能。

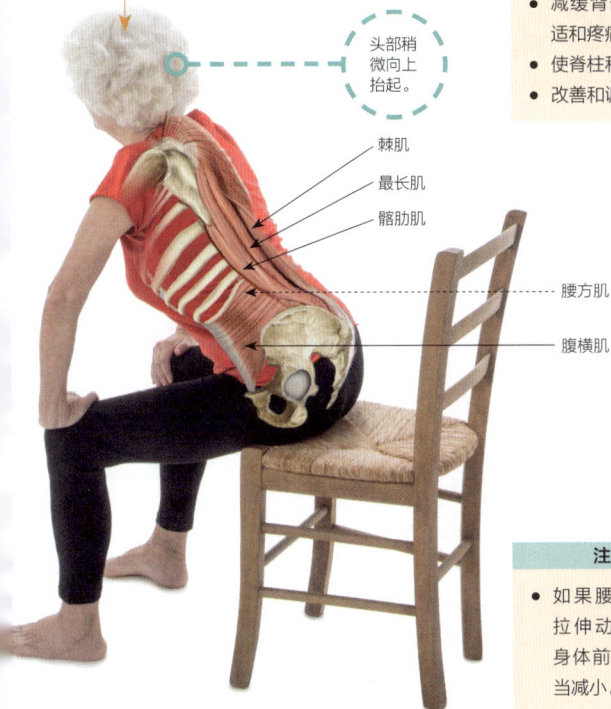

头部稍
微向上
抬起。

棘肌

最长肌

髂肋肌

腰方肌

腹横肌

注意事项 ▼

- 如果腰部感到不适，
  拉伸动作需要轻柔，
  身体前倾的幅度要适
  当减小。

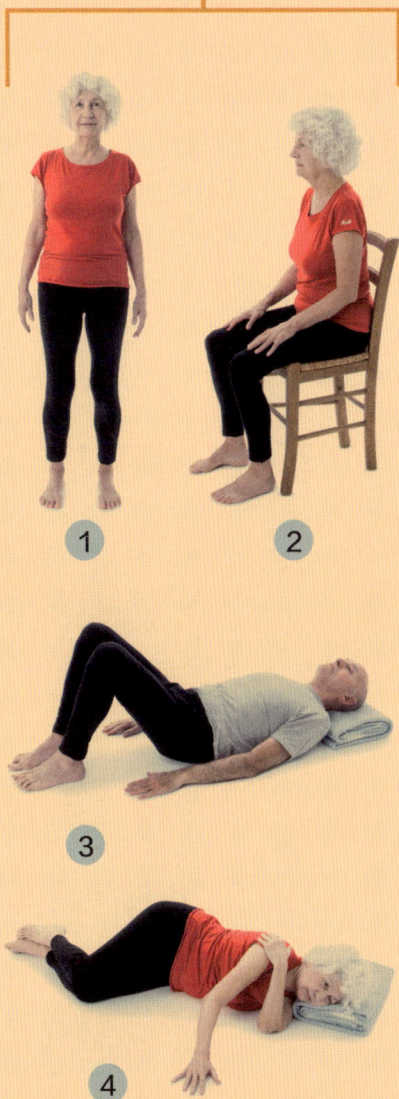

①　②

③

④

骨骼解剖图谱

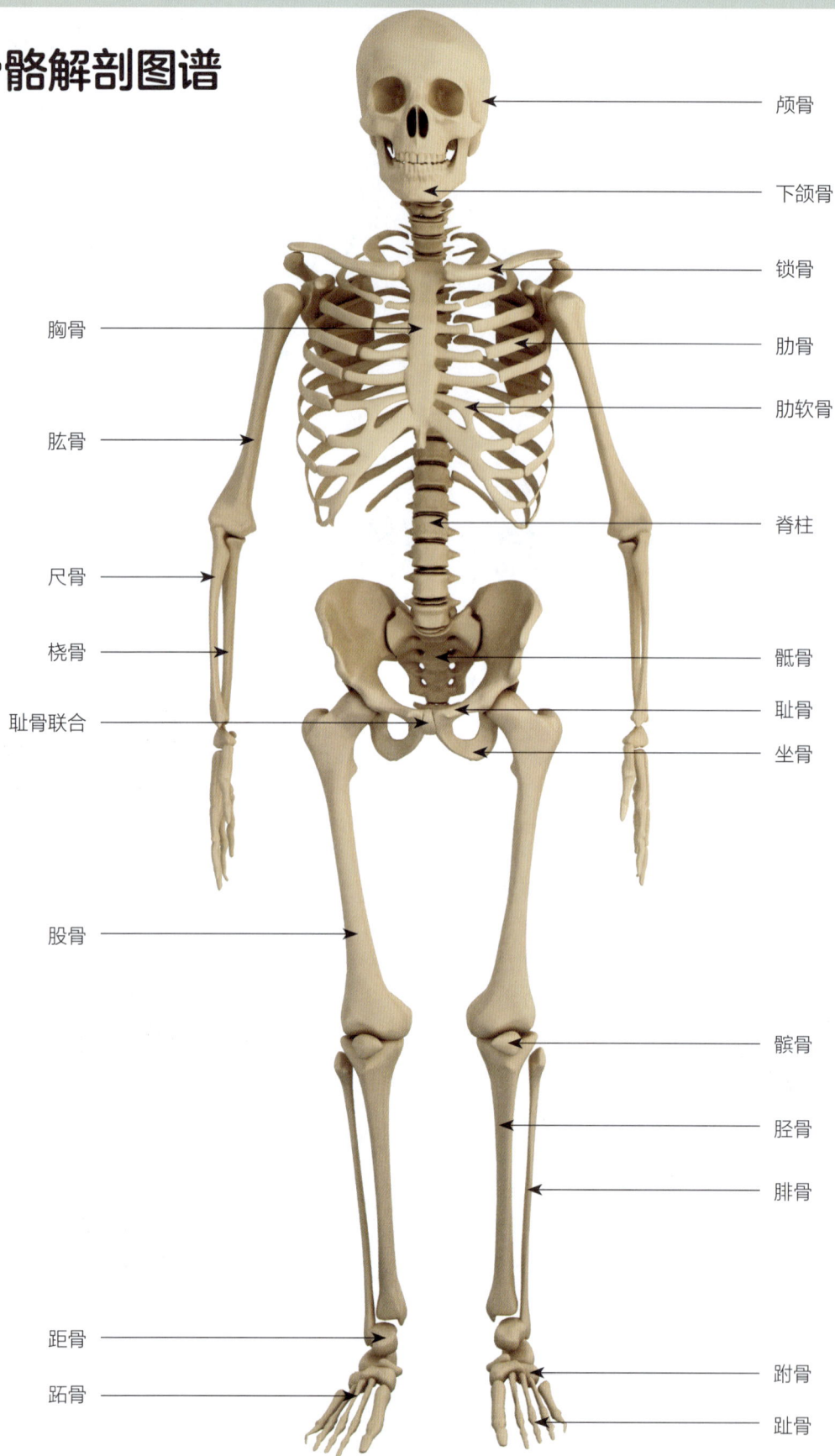

颅骨

下颌骨

锁骨

肋骨

肋软骨

脊柱

骶骨

耻骨

坐骨

髌骨

胫骨

腓骨

跗骨

趾骨

胸骨

肱骨

尺骨

桡骨

耻骨联合

股骨

距骨

跖骨

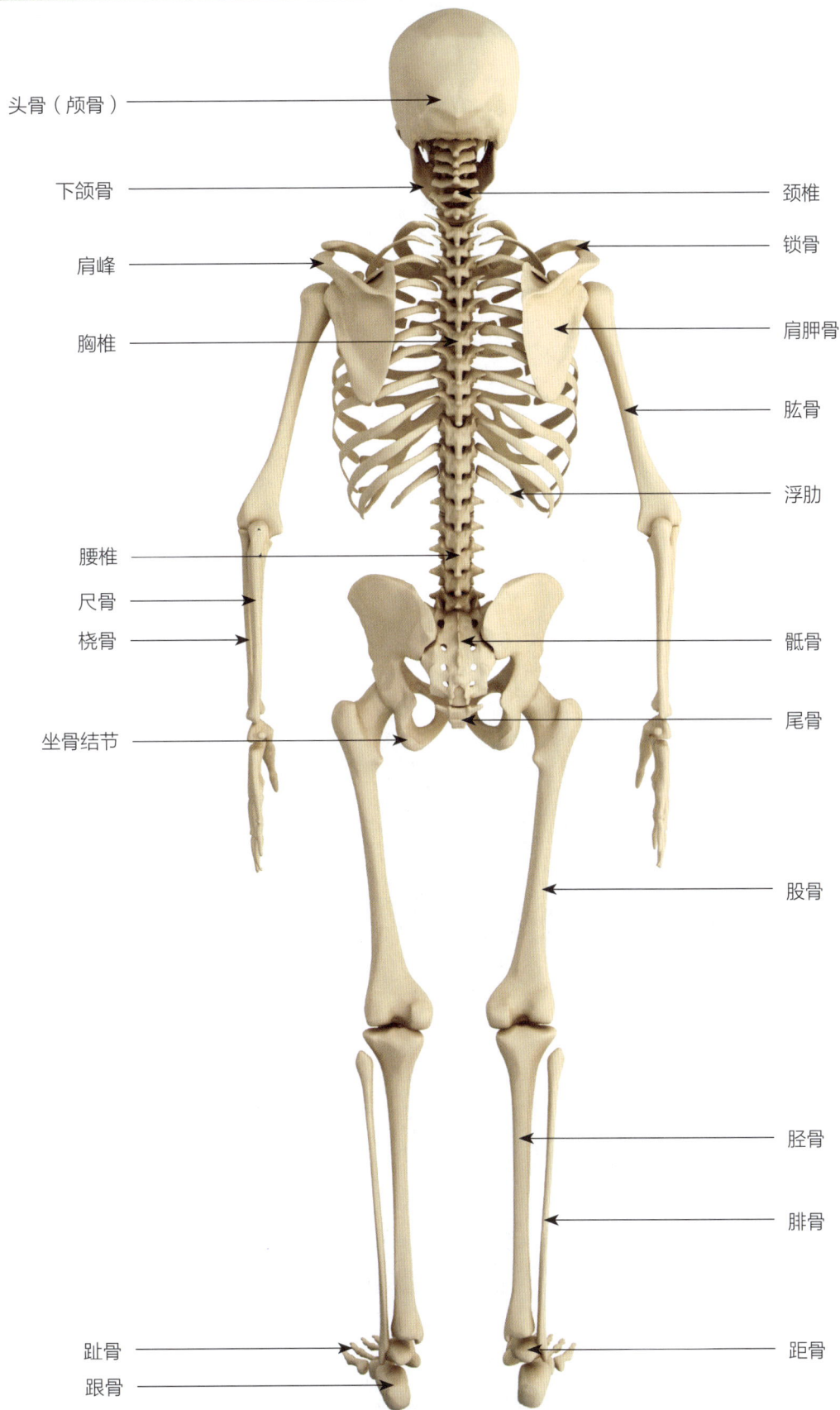

头骨（颅骨）

下颌骨

肩峰

胸椎

腰椎

尺骨

桡骨

坐骨结节

趾骨

跟骨

颈椎

锁骨

肩胛骨

肱骨

浮肋

骶骨

尾骨

股骨

胫骨

腓骨

距骨

肌肉解剖图谱

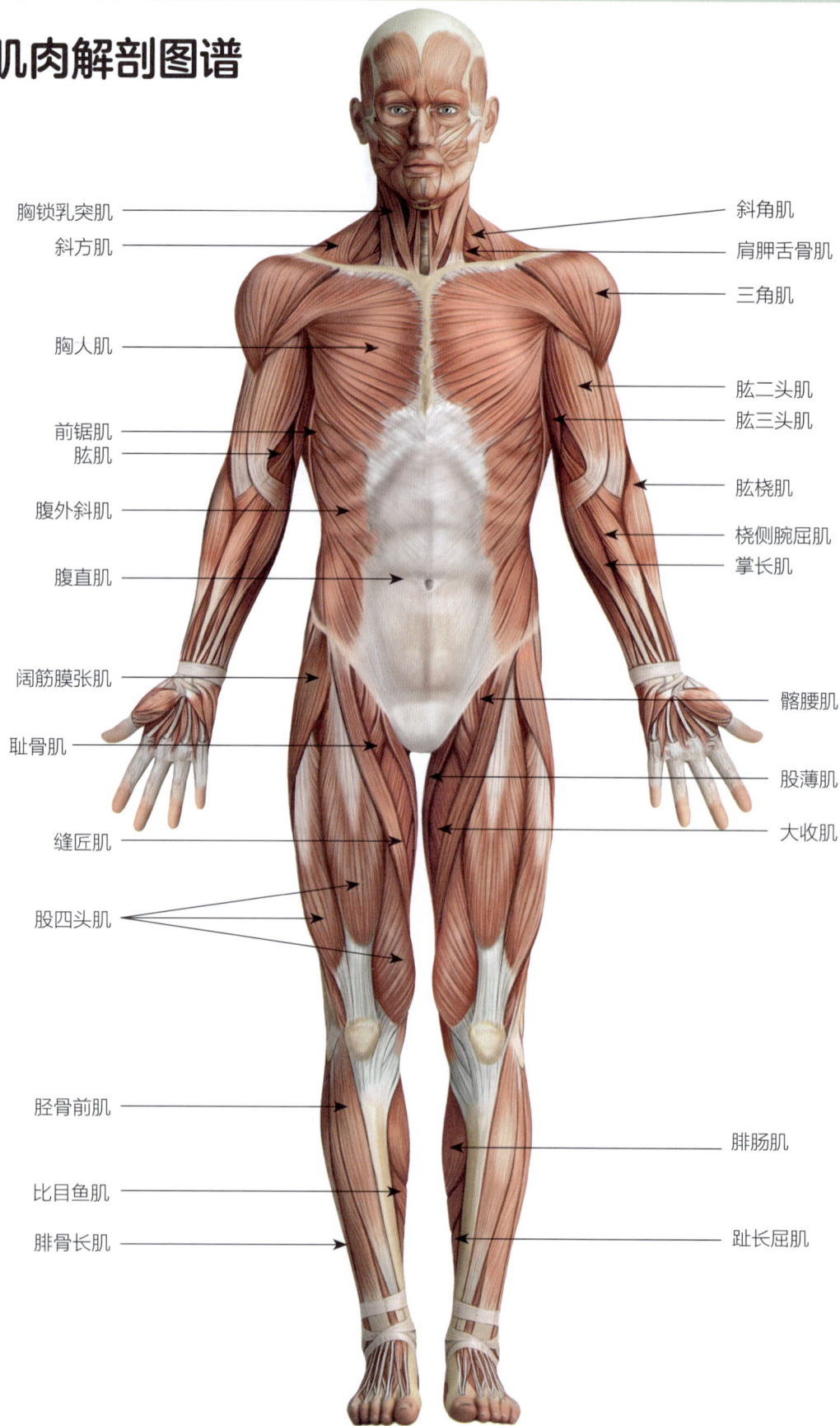

胸锁乳突肌

斜方肌

胸人肌

前锯肌

肱肌

腹外斜肌

腹直肌

阔筋膜张肌

耻骨肌

缝匠肌

股四头肌

胫骨前肌

比目鱼肌

腓骨长肌

斜角肌

肩胛舌骨肌

三角肌

肱二头肌

肱三头肌

肱桡肌

桡侧腕屈肌

掌长肌

髂腰肌

股薄肌

大收肌

腓肠肌

趾长屈肌

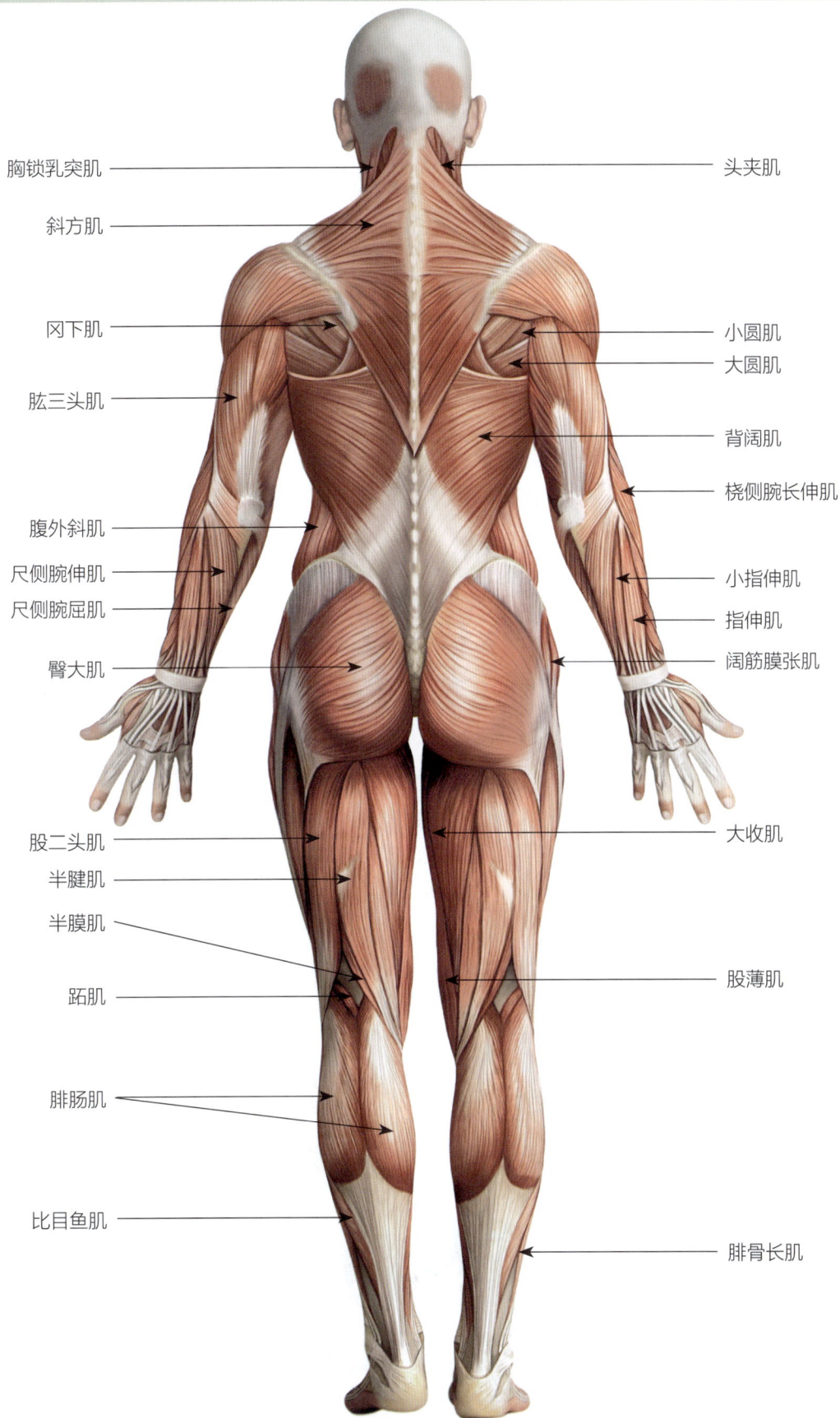

胸锁乳突肌

斜方肌

冈下肌

肱三头肌

腹外斜肌

尺侧腕伸肌

尺侧腕屈肌

臀大肌

股二头肌

半腱肌

半膜肌

跖肌

腓肠肌

比目鱼肌

头夹肌

小圆肌

大圆肌

背阔肌

桡侧腕长伸肌

小指伸肌

指伸肌

阔筋膜张肌

大收肌

股薄肌

股薄肌

腓骨长肌

解剖平面和运动

人体的标准解剖学姿势是用于描述人体空间参考、轴线和平面的基本姿势。此姿势要求身体直立，双脚分开且面向前方，头部挺直，双臂伸直下垂于身体两侧，掌心朝前，五指自然张开。

解剖平面

在人体中，存在三个主要的解剖平面，可以用来定位身体的不同结构并描述身体可以进行的不同运动。

矢状面： 将身体分为左右两部分。

冠状面： 将身体分为前后两部分。

水平面： 将身体分为上下两部分。

解剖运动

人体的各种运动方式可以按类别归属到三种解剖平面中。

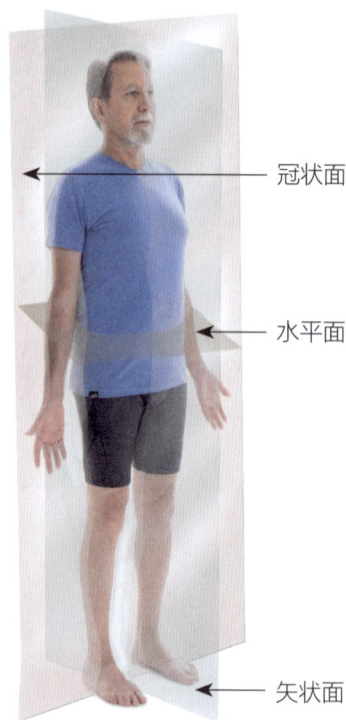

冠状面

水平面

矢状面

- **冠状面动作**

以前后作为参考，可观察到下述运动的特点和轨迹。

➤ **外展：** 一侧肢体远离身体的中线，增加两部分之间的角度。

➤ **内收：** 一侧肢体靠近身体的中线，减少两部分之间的角度。

➤ **侧屈：** 头部和颈部或躯干向左或向右侧弯。

➤ **提起和放下：** 在提起时，肩膀向上移动，放下时肩膀向下移动。身体中线无法进行上述动作。

- **矢状面动作**

以左右作为参考，可观察到下述运动的特点和轨迹。

➤ **屈曲：** 以标准解剖学姿势为基准，身体向前或向内弯曲。

➤ **伸展：** 以标准解剖学姿势为基准，身体向后或向外扩张。

➤ **前推：** 身体保持不动，肩部向前方移动。

➤ **后拉：** 身体保持不动，肩部向后方移动。

➤ **足背屈：** 踝关节向上用力，脚背靠近小腿。

➤ **跖屈：** 踝关节向下用力，脚背远离小腿。

➤ **骨盆前倾：** 盆腔的位置向前推动，腰椎向前凸。

➤ **骨盆后倾：** 盆腔的位置向后拉动，腰椎前凸角度变小。

冠状面运动

内收

外展

侧屈

提起和放下

矢状面的运动

伸展　屈曲　　　足背屈

前推　后拉　跖屈

- **水平面动作**

以上下作为参考，可观察到下述运动的特点和轨迹。

➤ **外旋：**以水平面中线为轴，上肢向外（向上）旋转。

➤ **内旋：**以水平面中线为轴，上肢向内（向下）旋转。

➤ **内翻：**前臂向前端平，手掌朝下，手背朝上，向内翻转。

➤ **外翻：**前臂向前端平，手掌朝上，手背朝下，向外翻转。

- **冠状面和矢状面结合动作**

➤ **环绕：**围绕一个固定点或圆心进行圆周运动，动作类型可以包括屈曲、伸展、外展和内收。

水平面的运动

内旋

外旋

内翻　外翻

冠状面和矢状面结合动作

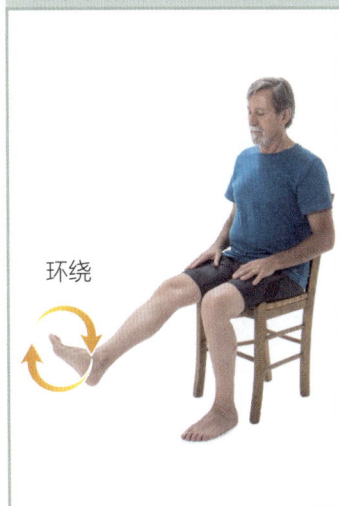

环绕

正确姿势的重要性

随着时间的推移，人们往往会养成不良的身体姿势，这不仅会让人从外表上看起来更加苍老，还会减少人们的运动活力。不良的身体姿势通常在童年时期就开始形成，当人们因工作而久坐并缺乏锻炼时，不良的体态就会逐渐出现，如躯干倾斜、背部弯曲、胸部下沉、头部前倾等。所有这些变化都会导致身体健康状况的恶化，如降低肺活量、消化过程减慢、椎间盘和神经受压、出现不适和疼痛等。

脊柱

脊柱是身体的关键组成部分，它有两个重要的功能：支撑全身和保护脊髓。脊柱从颅骨延伸到骨盆，由 33 块骨头组成，这些骨头被称作椎骨。它们分布在 4 个区域中：颈椎骨有 7 块，胸椎骨有 12 块，腰椎骨有 5 块，骶椎骨有 5 块，尾椎骨有 4 块。各椎骨之间由椎间盘做分隔（骶椎和尾椎除外，因为它们是相互融合的）。

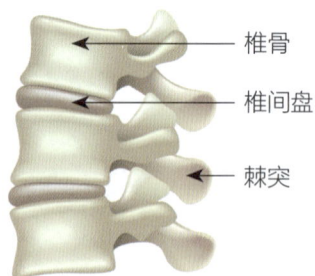

椎间盘是连接椎骨的垫状物，可以帮助椎骨实现一些简单的位移动作，并在移动过程中为它们提供缓冲。椎骨之间突出的骨质隆起被称作棘突，它们既可以保护脊髓，也可以作为重要肌肉的插入点。

脊柱有 3 个自然的曲度，使背部不是笔直的，可以从图中看到，颈椎和腰椎向前突出，胸椎向后突出。这些曲度在正常身体状况下不应被削减或消除，除非它们弯曲过度，对身体产生了有害影响，如出现了重度前凸或后凸等症状。

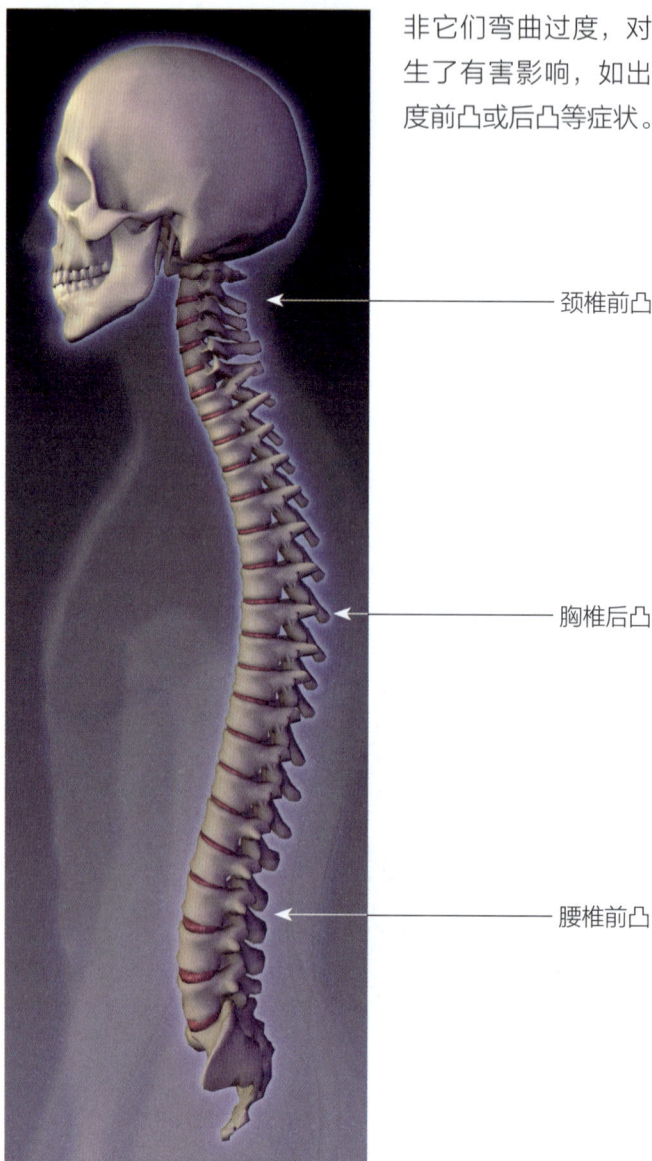

椎骨

椎间盘

棘突

颈椎前凸

胸椎后凸

腰椎前凸

正确的背部姿势

人体具有重心，这有助于身体保持良好的平衡。对大多数人来说，纠正身体姿势，使其恢复到正确自然的状态是必要的。当身体姿势正确时，身体的各部分会和重心保持协调。为了能够使身体各个部位调整到合适的位置，我们首先要做的是自我观察和感受。然而，很多时候，一个人的能力是不够的。

我们仍需要其他人的帮助，从外部来观察身体姿势，这样才能帮助我们准确发现不正确的身体位置并加以调整。

骨盆

骨盆由髂骨、骶骨和尾骨组成，一侧与脊柱相连，另一侧与下肢相连。骨盆在正确的姿势定位中扮演着至关重要的角色，它需要处于中性位置并略微向后倾斜。

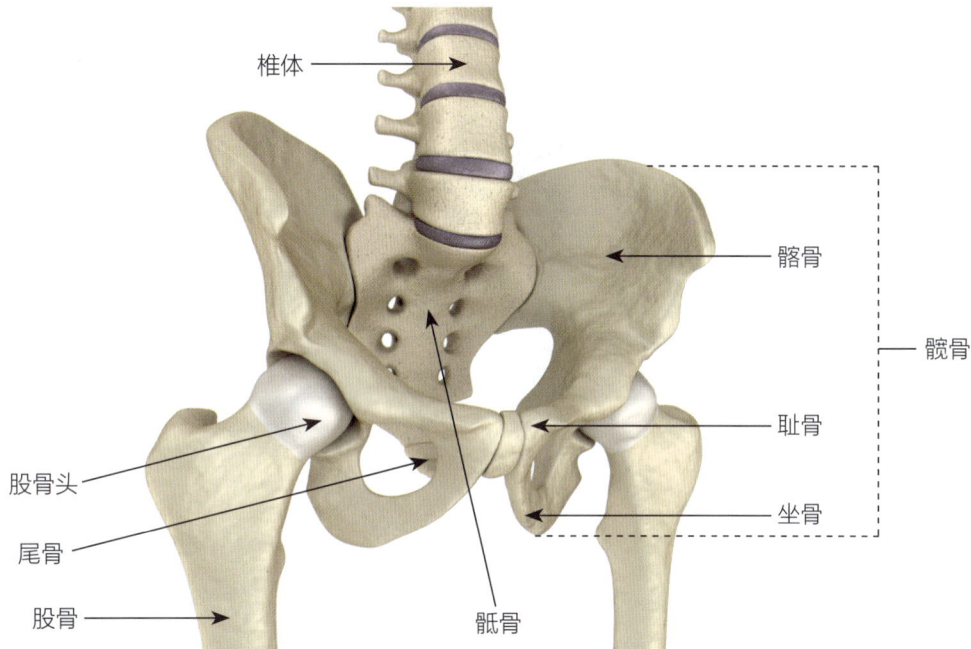

椎体

髂骨

髋骨

耻骨

坐骨

股骨头

尾骨

股骨

骶骨

正确的姿势	不正确的姿势

	颈椎过度前凸　　胸椎过度后凸　　腰椎过度前凸

拉伸运动的起始姿势

正确的身体姿势在站着、坐着和躺着的时候都需要保持。在进行拉伸运动时，从正确起始姿势开始运动是很重要的，这样才会使整个拉伸动作有效，并规避可能产生的身体伤害。

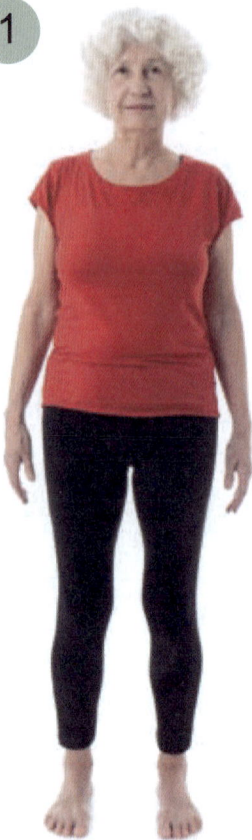

1. 站立拉伸的起始姿势

- 头部是保持身体姿势正确平衡的关键部位。首先需要注意头的位置，保持头部在中心，不向后、向前或向任意一侧倾斜；同时要稍稍收下巴。为放松颈部和面部肌肉，双唇不要紧紧贴合在一起，下颌也要保持自然状态。

- 其次，注意双脚的位置，保持双脚距离与髋部相等，平行且朝向前方。

- 再次，要关注骨盆，它是连接身体上半部分和下半部分最重要的区域。将骨盆居中，略微向后倾斜，髋部对齐，膝盖略微弯曲。

- 最后，双臂自然垂放于身体两侧，手靠近腿的中央线，肩膀平齐。

2. 坐姿拉伸的起始姿势

- 坐在椅子上，后背挺直靠在椅背上，骨盆微微后倾，使坐骨能均匀支撑骨盆且重心保持平衡。

- 头部挺直，与身体在同一水平面上，下巴微微内收。

- 双脚朝前，双腿平行并略微分开。如果双脚不能直接接触地面，建议在脚下放一个较硬的垫子。

- 双手放在大腿上。

- 嘴唇微张，下颌放松。

3. 仰卧拉伸的起始姿势

- 仰卧拉伸的起始姿势需平躺在地板上，在身体下面铺上毯子或垫子。必要时，可在头部下方放置一个枕头作为支撑。

- 屈膝，使后背和腰部以放松的状态平靠在地板上。

将双脚和双膝分开与髋部同宽，保持双脚向前且平行。

双臂放在两侧。

下巴轻微内收，下颌放松，嘴唇不要贴紧。

3

4

4. 侧卧拉伸的起始姿势

- 在地板上铺好毯子或垫子，身体左侧侧卧在地板上。在头部下方垫一个枕头（或其他支撑物），轻轻收起下巴，放松下颌。

- 双腿弯曲，一只脚放在另一只脚上。

- 将右手放在胸前前方的地面上作为支撑，左手可以搭在右肩部。

拉伸运动

当身体能轻松移动、弯曲并可以毫不费力地做出不同的姿势而不受伤时，我们就可以判断，此刻的身体比较灵活，有着较好的柔韧性。

拉伸运动可以在身体的任意部位上进行，对于提升柔韧性有很好的帮助。身体柔韧性的好坏取决于几个不同因素，其中主要因素有肌肉的弹性、伸缩能力和关节的灵活程度。

肌肉通过肌腱与骨骼相连，除了自身的肌肉组织，它们还被一种称为肌筋膜的纤维结缔组织膜包裹着。肌筋膜在拉伸运动中是至关重要的，因为它是最先被拉伸的部分。

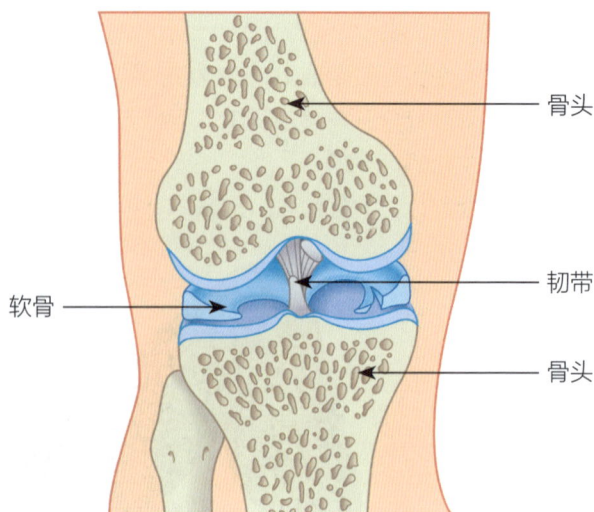

骨头

韧带

软骨

骨头

关节由两块骨头组成，它们连接在一起，大多数都可以完成一定程度的运动，在这其中，软骨的作用至关重要。软骨呈半弹性状态，覆盖在骨头的末端来保护骨头；而围住关节的"墙壁"——关节囊，会在内部分泌润滑液，促进关节的运动。此外，连接在骨头之间的纤维带，即韧带，在拉伸运动中也起着很关键的作用，它们不仅保证了关节可以实现正常的生理性运动，也限制了那些可能对身体产生危害的动作的产生。

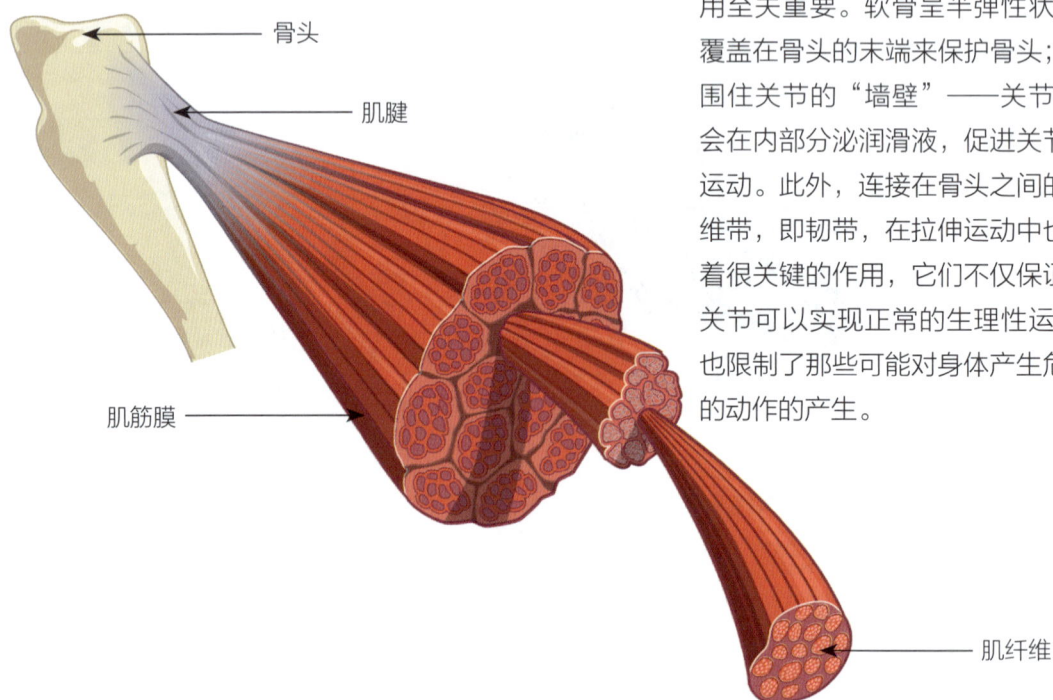

骨头

肌腱

肌筋膜

肌纤维

如何进行拉伸运动

拉伸运动应该轻柔且缓慢地进行，切忌不能超过自己的身体极限，否则反而会对身体造成伤害。

进行拉伸运动时，感知身体发出的信号是至关重要的，正常情况下不应出现痛感。如果感到疼痛，那就意味着某些步骤做得不对或个人身体情况存在一些问题，此时应该及时调整自己的训练计划和强度，更柔和地进行拉伸运动。

感知自己的身体状况和掌握合适的呼吸节奏是至关重要的，这会使拉伸运动更有效。

每种拉伸运动都有一个完整的过程：开始、保持和结束。不要跳过这3个阶段，还要考虑运动持续的时间和重复练习的次数。

最好先进行动态拉伸运动，以放松和准备身体，然后再进行静态拉伸运动。

所需材料

- 舒适的服装，不要穿过紧的袜子（建议赤脚）；
- 垫子、毯子或隔热垫（必须有一个较为坚硬防滑的表面）；
- 枕头或护颈垫；
- 稳定结实的椅子，最好带有一个较低的靠背。

积极影响

- 增加身体活动能力。
- 减少肌肉不适和疼痛。
- 滋养肌肉、关节和组织。
- 促进血液循环。
- 扩大肺活量。
- 促进肠道蠕动和排便。
- 放松神经系统。
- 改善情绪状态。
- 增添活力和提升生活质量。

做拉伸运动有许多益处，不但可以改善身体的柔韧性，还可以从肉体和精神两个层面上为人们带来享受。

拉伸运动的类型

本书介绍了两种适合中老年人的拉伸运动类型：动态拉伸和静态拉伸。

一般来说，动态拉伸可以作为静态拉伸的热身动作，因此各个章节将依照不同的身体部位来对拉伸运动进行介绍，先介绍动态拉伸，再介绍静态拉伸。

按照身体部分的顺序来划分，首先将介绍颈部和上肢的拉伸，然后介绍躯干、髋部和下肢的拉伸。

在动态拉伸运动中，两种相反的、相互补偿的动作交替进行。

动态拉伸运动

在此类拉伸运动中，保持阶段不会持续很久。我们这里提到的"动态"，与其他常规以追求速度为特征的练习不同，它是温和、缓慢且连续的。尽管动态拉伸要求连续性，但在每一个动作之间一定有一个停顿的时刻，这使人们在运动过程中对自己的身体状态有更好的感知，能更平静地完成运动，同时平衡呼吸节奏。

在动态拉伸中，通常会将两个相反的动作结合起来，以反复穿插、相互补偿的方式进行练习。

动态拉伸不需要很高超的技巧，简单易学，可以作为热身动作，使身体松弛，为后续更复杂的拉伸运动做准备。

静态拉伸运动

静态拉伸和动态拉伸一样，分3个阶段进行：开始、保持和结束。其中，最重要的阶段是保持，即保持一个姿势不动，坚持一定的时间。保持时间的长短取决于拉伸动作的强度，一般会在几秒到半分钟之间。在开始和结束阶段，如果需要进行运动，这些动作应该缓慢且平稳地进行。

拉伸运动要在身体放松的状态下进行，此时身体不紧绷，放松有助于肌肉以舒适且自然的方式进行拉伸。

我们建议每组拉伸动作重复练习3～5次，不过重复的次数也取决于练习者的个人水平和身体状况。

需要注意的是，当一块肌肉被拉伸时，它的拮抗肌肉则处于收缩状态。

在静态拉伸运动中，保持拉伸状态而不移动，从而达到更好更充分的锻炼效果

拉伸运动中的呼吸

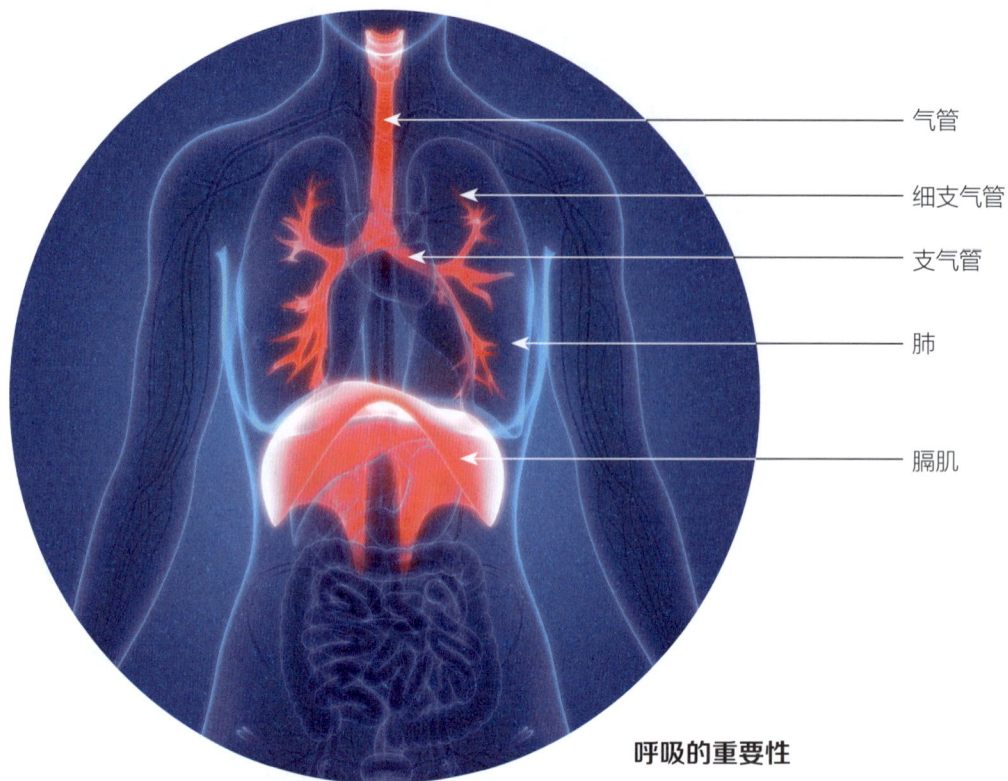

气管

细支气管

支气管

肺

膈肌

拉伸运动中的呼吸技巧

人类的呼吸是一种无意识的行为。它分为两个阶段：

1. 吸气，空气进入肺部并吸入氧气。

2. 呼气，空气从肺部排出并呼出二氧化碳。

空气通过呼吸道进入我们的身体，首先通过鼻腔，然后经过咽部、喉部、气管和支气管，最后到达肺部。

膈肌

膈肌是一块呈圆顶形状的大型肌肉，将胸腔与腹部所含的器官分开，支撑肺部，同时覆盖住消化区的内脏。在呼吸进程中，氧气的摄入量取决于吸气时间的长短，而吸气进程主要由肺活量和膈肌的位置决定。因此，膈肌成为呼吸中的关键因素。

呼吸的重要性

为了使拉伸运动更高效，注意自己的呼吸节奏是很重要的。快速、急促的呼吸会使肌肉收紧并锁住关节，导致身体僵硬，难以拉伸。缓慢、深沉的呼吸能使肌肉松弛，更容易进行拉伸。身体姿势是否正确也会对肌肉的放松产生影响。身体姿势端正平稳可以帮助膈肌正确定位，从而提高呼吸能力。

在整个拉伸进程中，要观察呼吸的状态，并根据所做的动作类型来调整呼吸节奏。例如，当躯干弯曲时，进行长而柔和的呼气是更有效的，因为当胸腔收缩时，空气可以更好地呼出。反之，当躯干伸展时，要进行吸气，因为扩大胸腔可以吸入更多的空气。将身体运动与呼吸协调起来有利于促进拉伸运动的开展。在其他运动中，特别是那些躯干不参与的运动，只需注意保持平稳的呼吸节奏即可。

膈式呼吸

膈式呼吸也被称作腹式呼吸，它被认为是人体最自然最恰当的呼吸方式，因为在整个呼吸过程中，膈肌可以自由运动不受阻碍。在膈式呼吸中，膈肌是主导呼吸进程的肌肉，我们应当把注意力集中在腹部的运动上，同时还要留意胸腔的扩张和收缩。

膈肌的运动是通过腹部的调动来感知的，这就是为什么膈式呼吸也被称为腹式呼吸。在正常的浅呼吸中，腹部的运动很难被感觉到。当进行深层充分的呼吸时，腹部的扩张和收缩可以更清楚地被看到。人们有时会错误地使用腹部肌肉，试图用外力对肌肉进行外推和内收运动。这种肌肉使用方式的后果是灾难性的，因为它会进一步阻碍呼吸进程。同理，如果膈式呼吸只注重腹部的运动，呼吸也会受阻。这是另一种错误的锻炼方式，因为呼吸本质上是肺部的扩张和收缩，进而关联胸腔和腹部并产生运动。

膈式呼吸的步骤

当我们吸气时，膈肌收缩并下降，推动腹部的器官，使腹部轻微膨胀。同时，胸腔开始扩张，空气进入肺部。在这种情况下，膈肌为肺部扩张提供了更多的空间。

而当我们呼气时，膈肌会放松并上升，肺部收缩，空气被排出，腹部会向内收缩。

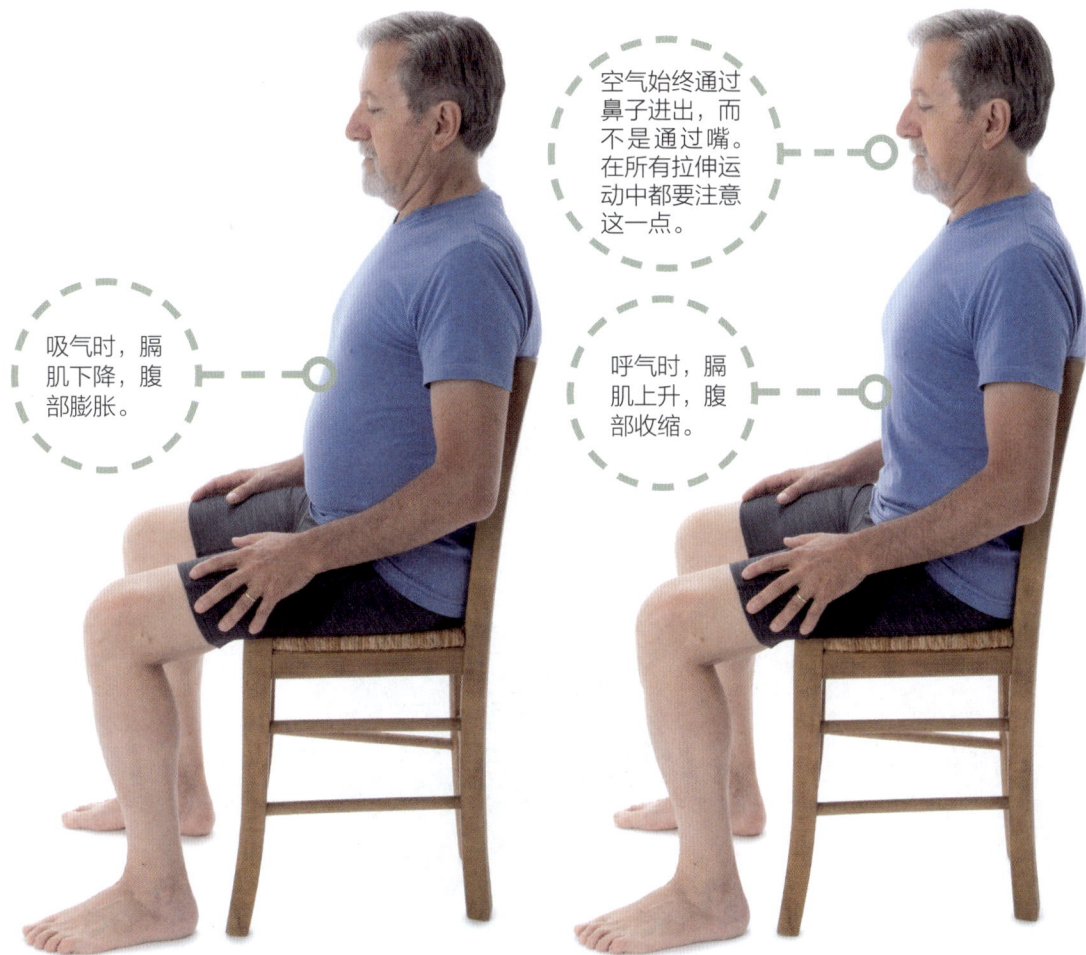

空气始终通过鼻子进出，而不是通过嘴。在所有拉伸运动中都要注意这一点。

吸气时，膈肌下降，腹部膨胀。

呼气时，膈肌上升，腹部收缩。

拉伸运动的阶段

拉伸运动是缓慢和逐步进行的，它分为三个基本阶段：开始、保持和结束。

1. 开始

在开始拉伸之前，最好花一些时间来调整正确的身体姿势，这样对身体有益并可以促进运动。

观察你的呼吸节奏，重点关注膈肌的动作，调整它以使呼吸变得平静。

开始慢慢地做保持拉伸的动作（在动态拉伸中只会保持几秒的时间，但在静态拉伸中会持续更久），并在适当情况下调整呼吸，如吸气和呼气的转换。

2. 保持

保持阶段是拉伸的主要阶段，尤其对于静态拉伸来说至关重要。

在这个阶段，我们应该注意呼吸，避免干扰它的自然节奏，平静地吸气和呼气，帮助身体放松，并通过保持姿势来支撑身体。

动作保持时间可以持续几秒到半分钟甚至更久。在动态拉伸中，动作保持时间很短暂，而在静态拉伸中，拉伸动作需要有所保持才会达到锻炼效果。

初学者可以默数动作保持时间的秒数，慢慢地就会自然而然地感知时间的长短。

通过实践，动作保持时间可以逐渐延长，使身体得到更好的拉伸效果。

1

3. 结束

在静态拉伸中，当保持阶段完成后，可以开始解除原有的动作姿势，并将身体姿势调整到起始状态，然后再重复整个拉伸运动的进程 3 次。

在动态拉伸中，动作重复练习结束前，身体姿势通常不会调整回起始状态，且保持阶段持续时间很短。动态拉伸通常是两个相反的动作交替重复 10 ～ 20 次，每次动作中间会有一个短暂的停顿。

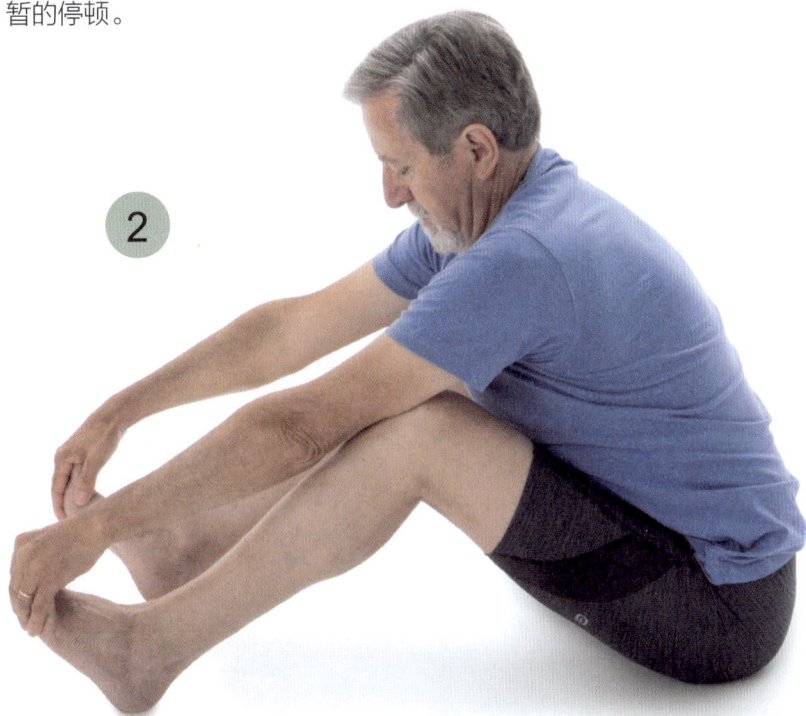

2

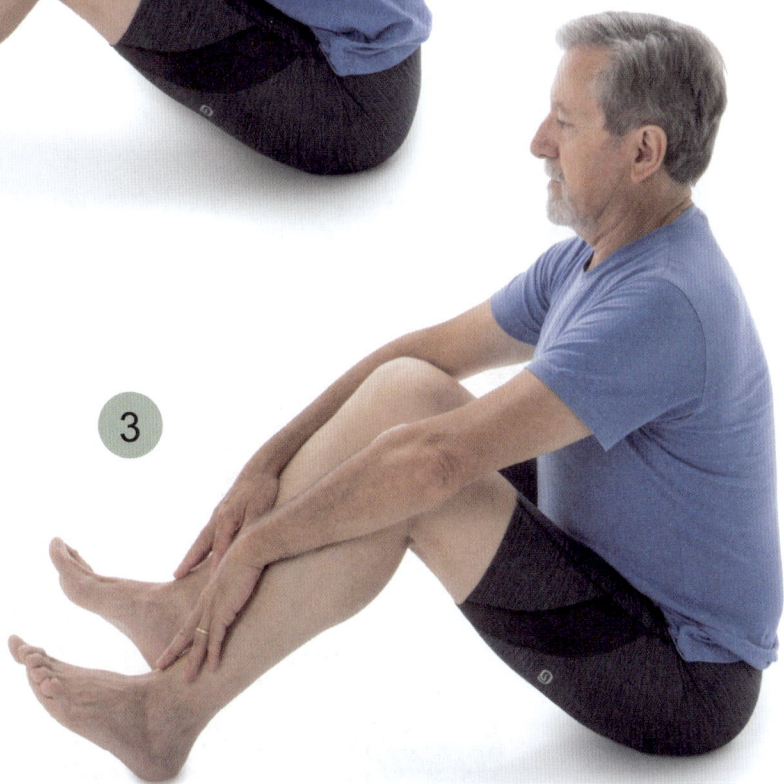

3

中老年人拉伸运动的特点

进入中老年阶段后，许多身体活动会因年龄限制而不能继续进行，人们很可能会进入久坐不动的状态，这就会使身体变得越来越笨拙。

衰老没有一个具体的起始年龄，它取决于每个人的特质，受到遗传基因、生活方式、体育锻炼等因素的影响。

在早期阶段，身体有时会开始显现出衰老的迹象。面对衰老，每个人都需要自行决定应对方式：要么随着岁月的流逝在身体上不断标记衰老所带来的容颜变化和健康损失；要么用积极的态度、持续的运动和正确的生活方式来延缓衰老的进程。

像人类所有生命周期一样，中老年阶段也有着它的特点。

事实上，如果人们知道如何接受并应对中老年阶段所带来的变化和挑战，"中老年时期"将会成为人一生中最丰富、最充实的美好时光。在这个阶段，人们的工作压力和焦虑逐渐减少，不再需要向任何人证明自己的价值，可以有更多的时间来回顾自己的人生，从中吸取经验教训，并开始尝试之前因缺乏时间而未能实践的活动。

适度的体育锻炼对于健康的生活来说是不可或缺的，而拉伸运动是一种极好的方式，可以显著延缓衰老造成的负面影响。

中老年人拉伸运动训练因为独具特点，非常适合这一年龄段的人们使用。然而，除了中老年人，它也会对所有希望呵护身体健康，适度进行温和锻炼的人有所帮助。

衰老所带来的一个影响便是身体灵活性的降低：身体组织失去了伸展能力，变得更加脆弱，抵抗力不断下降。身体中的软骨也开始磨损和脱水，出现微小的裂痕。

在进行拉伸运动时，必须牢记一点：如果将一根柔嫩的树枝弯曲，它不会断裂，但如果树枝是干燥的，它就会断裂。为避免受伤，牢记中老年人拉伸运动的特点是至关重要的。

中老年人拉伸运动的主要特点

- 考虑到中老年人的身体条件，对身体中最脆弱最无力的部分进行了保护；
- 可以适应不同的需求；
- 不会超越身体极限，不会形成竞争；
- 关注呼吸进程，考虑到呼吸中的每一个阶段；
- 拉伸动作更为柔和缓慢。

针对中老年人的拉伸运动不会超越其自身的身体极限，一切运动都是在身体条件允许的情况下进行的

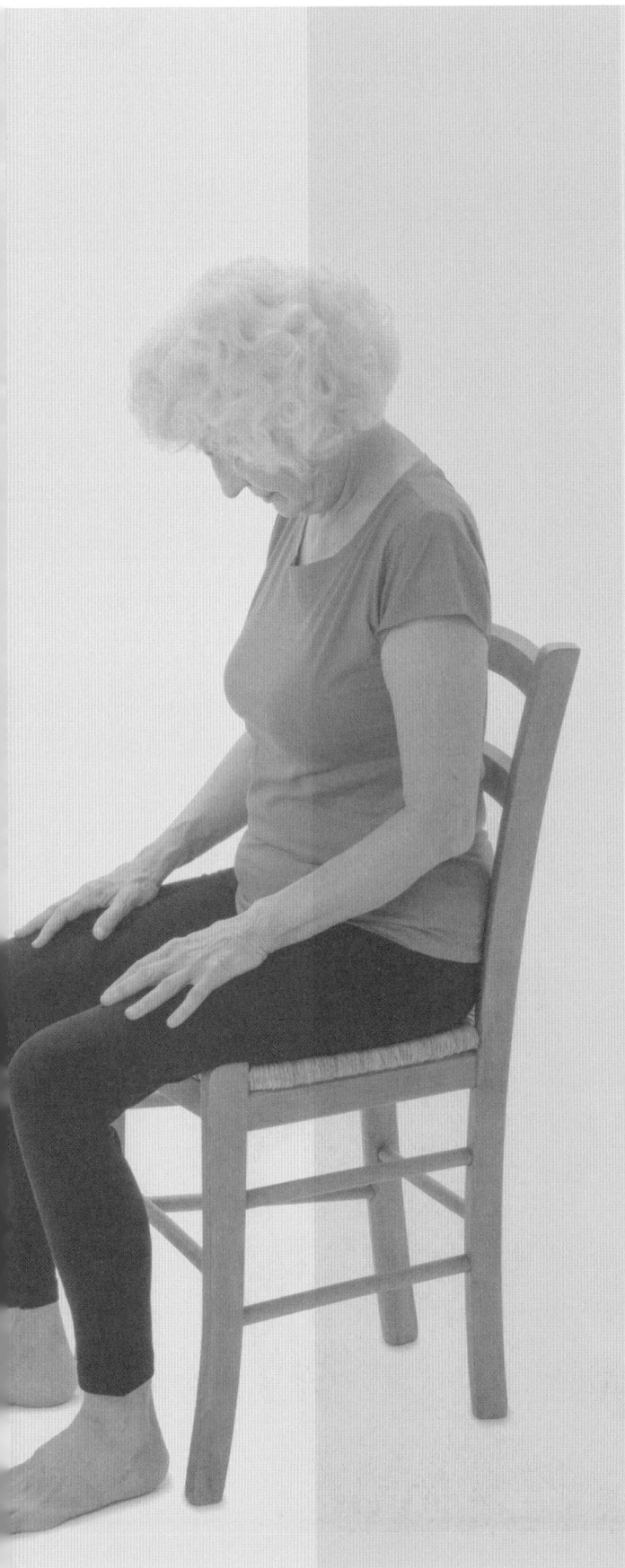

颈部拉伸运动

　　头部的位置决定了身体的位置，因此，头部与躯干保持平齐是纠正身体姿态的基础。颈部僵硬、发酸，头部长期不活动等不良习惯，最终会导致颈椎和颈部肌肉出现各种健康问题。

　　以下的拉伸动作有助于缓解颈部肌肉的僵硬，扩大颈部的活动范围，增强颈部的力量，使其更加灵活。

　　本章还包括一些等长收缩运动的练习，因为它们对改善颈部肌肉张力和预防颈部可能出现的损伤有很好的疗效。

颈部动态拉伸运动：屈颈和伸颈

起始姿势

- 采用起始姿势 ❷。

运动技巧

- 先吸气，然后在呼气的同时把头向下倾，使下巴靠近胸部，但背部不要移动。
- 在进行下一次吸气前，把头抬起，向后倾斜至一个舒适的位置，不要过度用力。
- 呼气时，再次把头向下倾。重复整个过程 6 ～ 10 次。

健康益处

※ 所有颈部拉伸运动均可以获得以下健康益处。

- 缓解颈部与颈椎的疼痛和酸胀，放松颈部肌肉，加大颈部活动范围。
- 放松下颌，防止头痛。

注意事项

- 如果有眩晕的风险，建议闭眼进行运动。
- 不要超越自己的身体极限。如果颈椎本身有问题，拉伸时动作应该特别轻柔，不要拉伸过度。

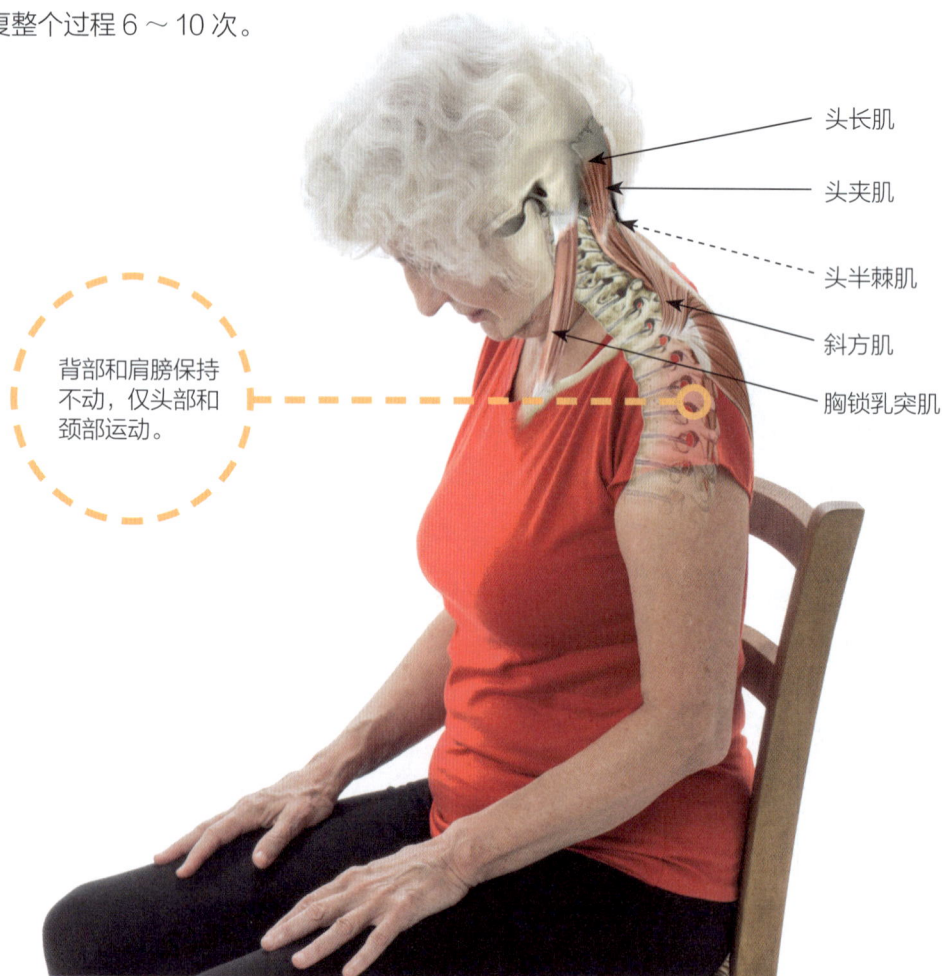

背部和肩膀保持不动，仅头部和颈部运动。

头长肌

头夹肌

头半棘肌

斜方肌

胸锁乳突肌

动作顺序

① ② ③ ④

- 整个过程需要缓慢而持续地重复多次。吸气与呼气的循环在运动中起着至关重要的作用。

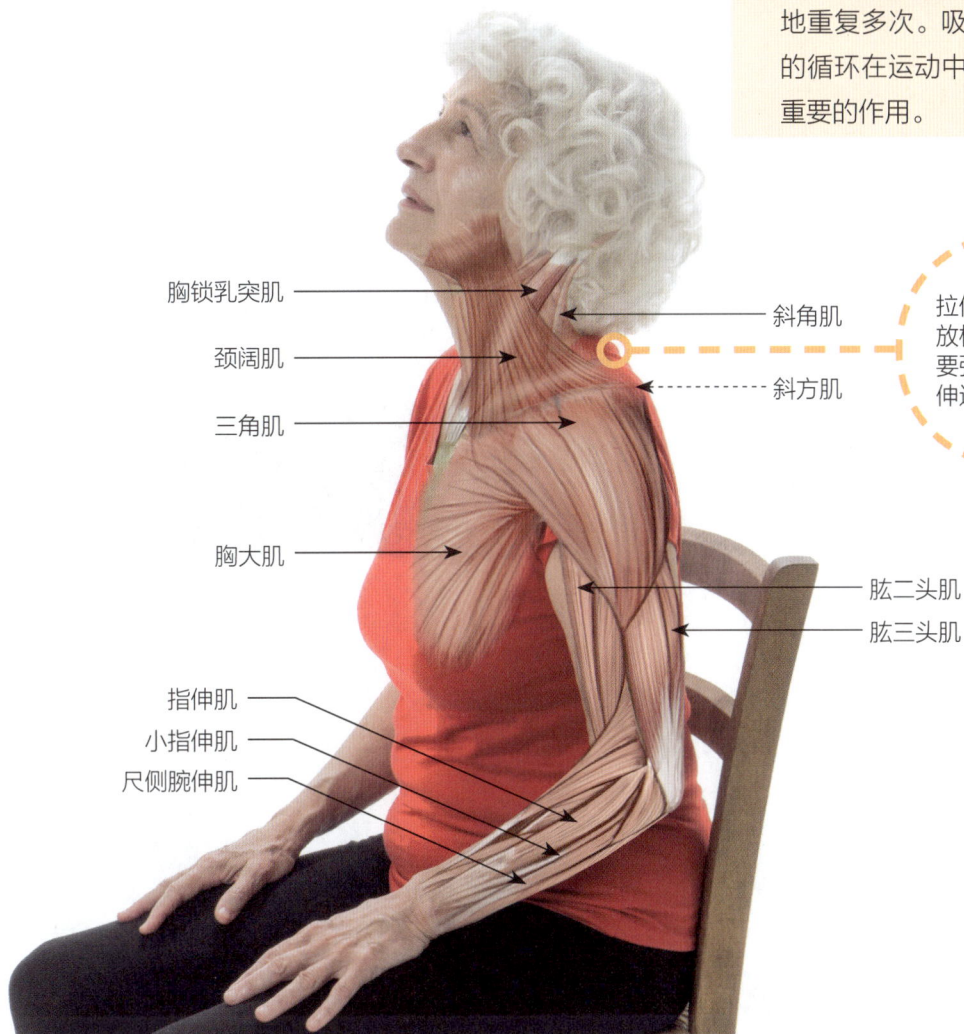

胸锁乳突肌

颈阔肌

三角肌

胸大肌

指伸肌

小指伸肌

尺侧腕伸肌

斜角肌

斜方肌

肱二头肌

肱三头肌

拉伸时颈部要放松，一定不要强制进行拉伸运动。

颈部动态拉伸运动：侧屈

起始姿势

- 采用起始姿势 ② 。

运动技巧

- 头向左倾斜，不要向前或向后倒。颈部微微弯曲，耳朵朝肩膀靠近。背部和肩部均保持不动，全身放松。
- 几秒后，将头抬起，回到起始姿势。然后头向右倾斜，动作完全相同。完成动作后，再重新回到起始姿势。
- 全程保持平稳慢速的呼吸。
- 重复整个过程 6 ～ 10 次。

注意事项

- 如果感觉颈部肌肉比较紧张，那就不要将头完全侧屈。

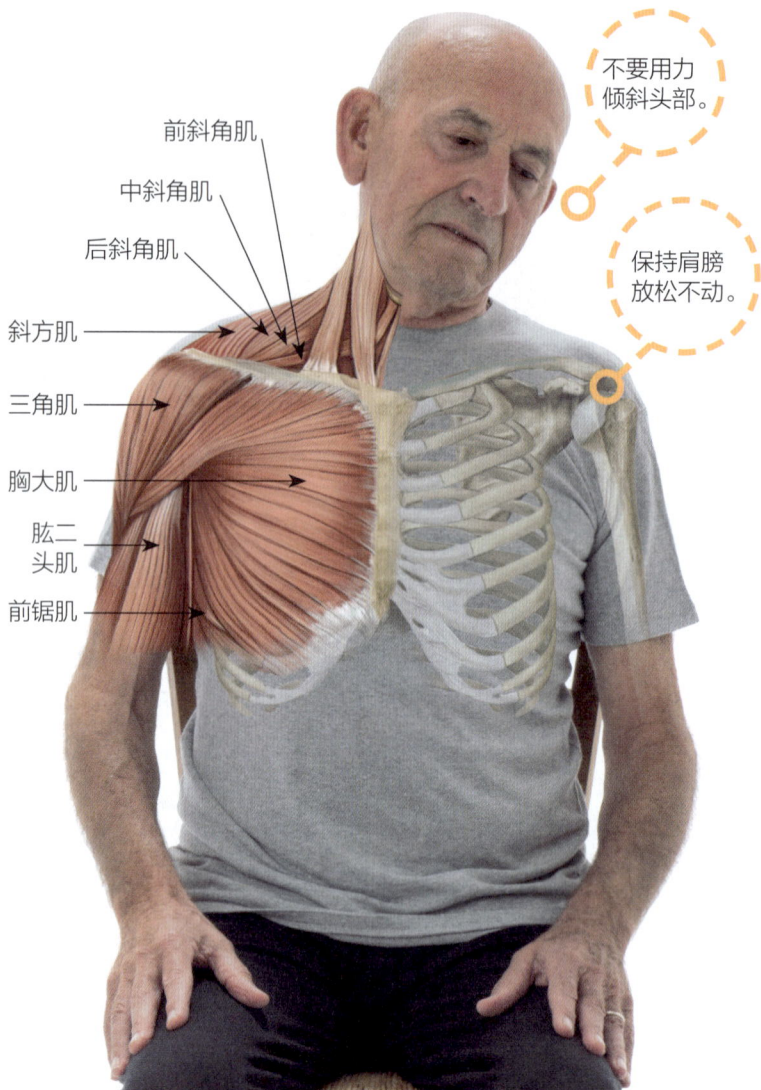

前斜角肌

中斜角肌

后斜角肌

斜方肌

三角肌

胸大肌

肱二头肌

前锯肌

不要用力倾斜头部。

保持肩膀放松不动。

动作顺序

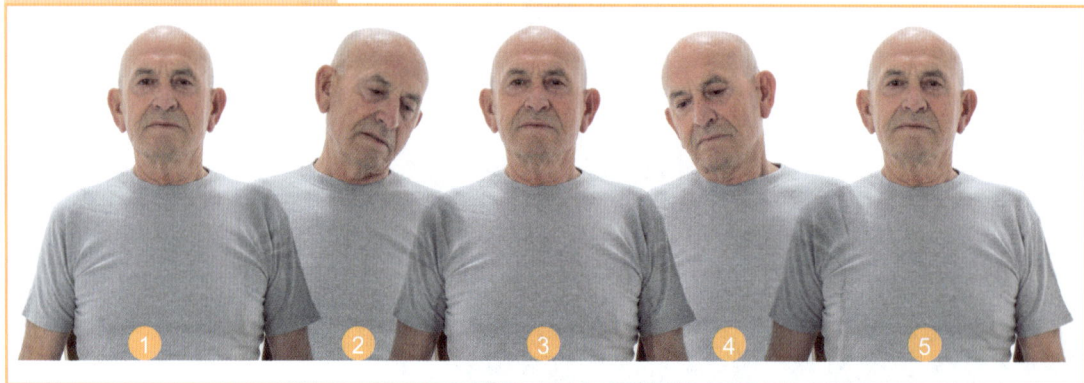

1   2   3   4   5

颈部动态拉伸运动：旋转

起始姿势

- 采用起始姿势 2 。

运动技巧

- 将头部向左旋转，避免向前或向后倾倒。背部和肩膀均保持不动。
- 几秒后，回到起始姿势，随后开始向右旋转，动作完全相同。完成动作后，头部再次回到起始位置。
- 呼吸平稳，轻松。
- 重复整个过程 6 ～ 10 次。

注意事项

- 转动时若感到不适，则不需要完成全部的旋转动作，将头部停在一个较为舒适的位置即可。

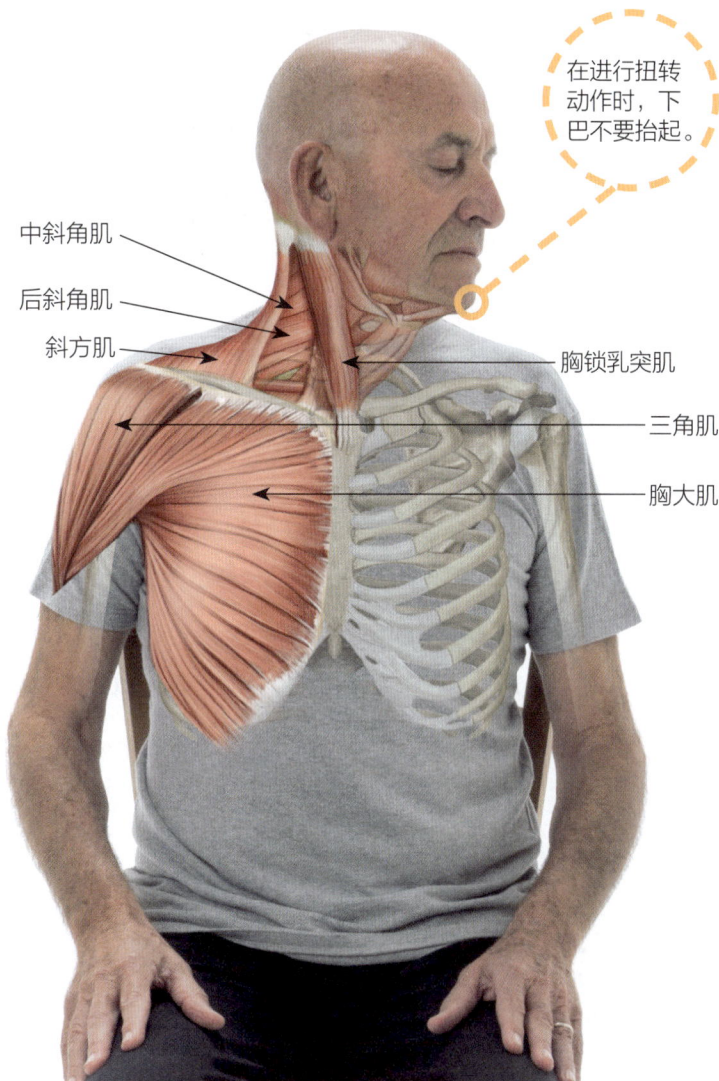

在进行扭转动作时，下巴不要抬起。

中斜角肌
后斜角肌
斜方肌
胸锁乳突肌
三角肌
胸大肌

动作顺序

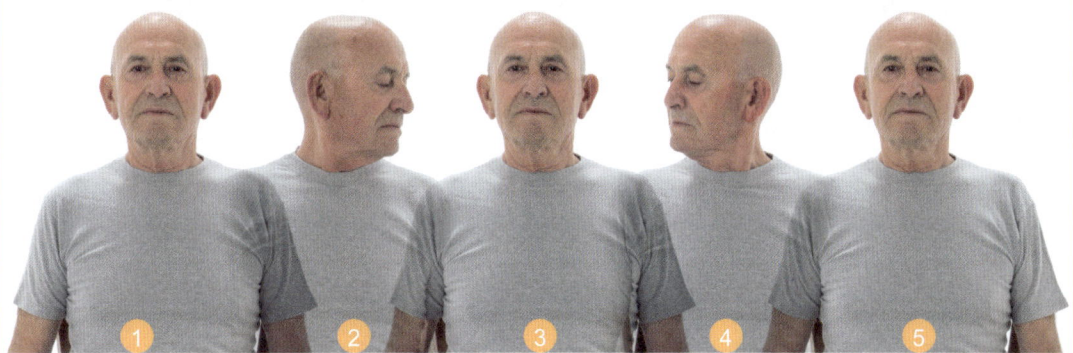

1　2　3　4　5

颈部等长收缩运动

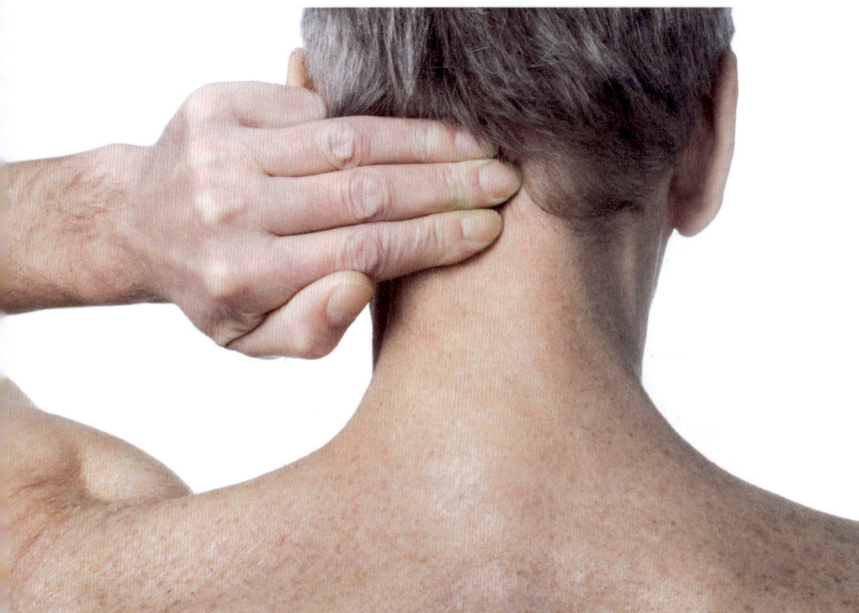

等长收缩运动

在等长收缩运动中，肌肉长度和关节的运动状态都未发生变化。等长收缩运动需要两种力量：肌肉自身产生的力量和人体自行从外部施加的力量。在本节所介绍的练习中，我们通过手掌或手臂来施加外力。需要注意的是，当一些肌肉收缩时，它们对应的拮抗肌肉也会同时收缩。

在等长收缩运动中，收缩后的放松过程是很重要的，因为它有助于肌肉和骨骼问题的康复。

注意事项	健康益处
在练习这3种颈部等长收缩运动时，有如下注意事项。	练习这3种颈部等长收缩运动可以带来如下好处。
• 颈部较为脆弱，因此手部要轻轻用力，力度不要过重，否则容易引起肌肉紧张，进而出现挛缩的症状。	• 缓解由关节炎、骨关节炎、肌肉挛缩或其他肌肉炎症引起的急性疼痛，减轻颈部活动所产生的痛苦。
• 如果颈部有明显的不适感，建议头部不要再产生推力，练习时只需要手部用力即可。	• 通过改善肌肉张力来促进颈椎和颈部肌肉的康复。
• 练习时请注意观察呼吸状态，全程都需要保持平稳且连续的呼吸，不要憋气。这对于患有高血压或其他血管疾病的人来说至关重要。	

颈部等长收缩运动：手放在太阳穴上

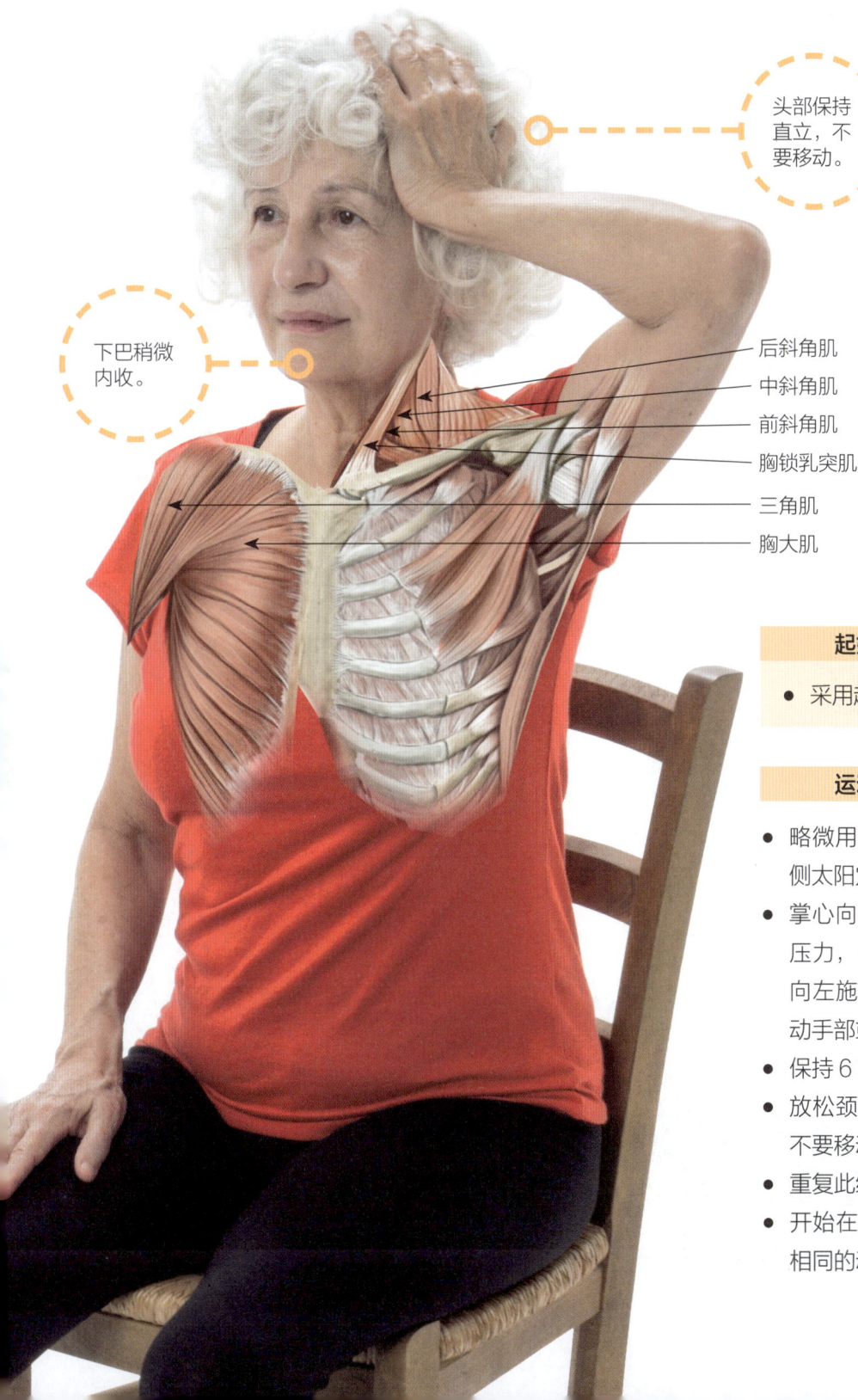

头部保持直立，不要移动。

下巴稍微内收。

后斜角肌
中斜角肌
前斜角肌
胸锁乳突肌
三角肌
胸大肌

起始姿势

- 采用起始姿势 **2**。

运动技巧

- 略微用左手掌托住左侧太阳穴。
- 掌心向右施加温和的压力，同时头部轻轻向左施压，但不要移动手部或头部。
- 保持 6 秒。
- 放松颈部和手部，但不要移动手的位置。
- 重复此练习 2 次。
- 开始在右侧进行完全相同的动作。

颈部等长收缩运动：手放在前额上

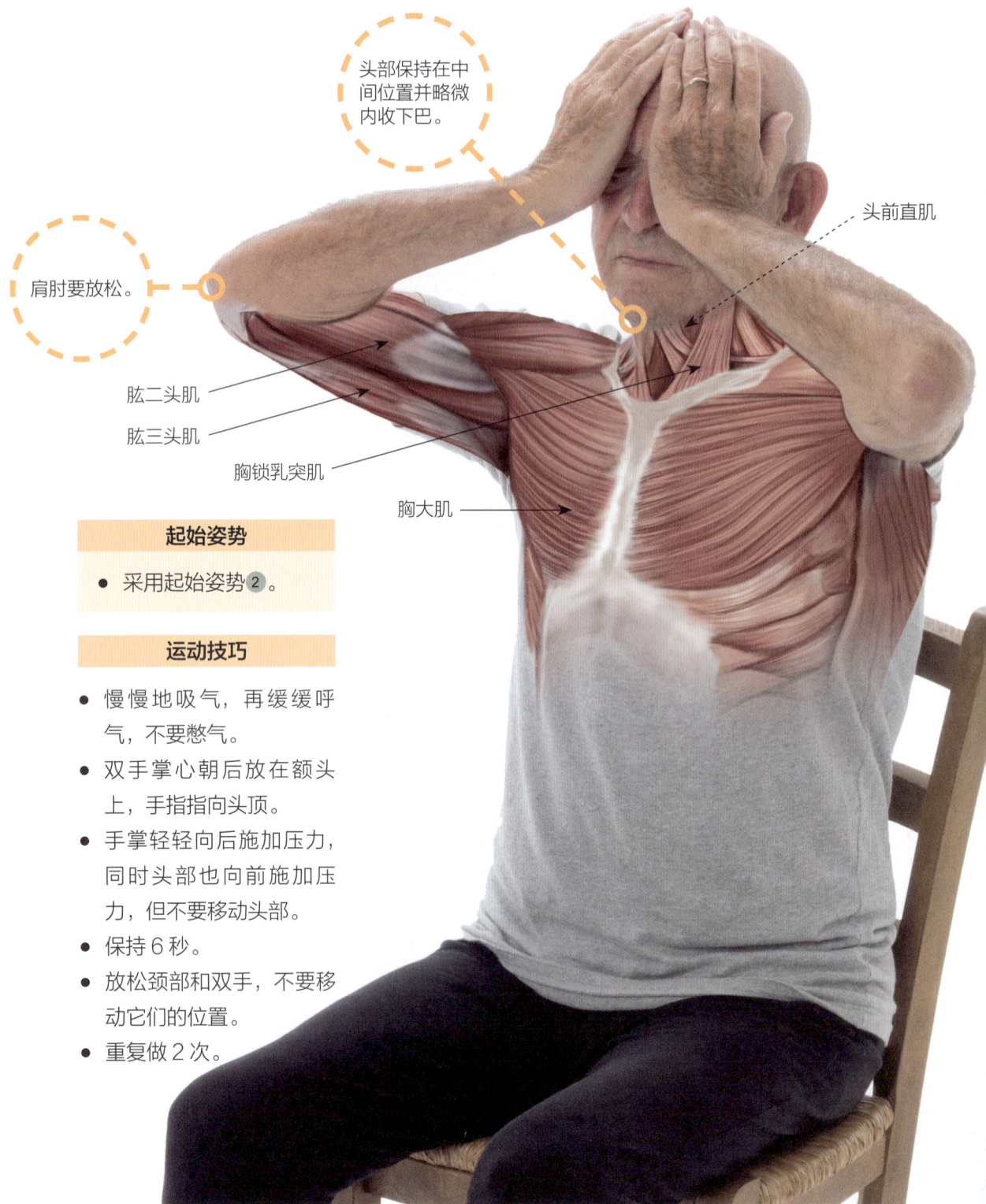

头部保持在中间位置并略微内收下巴。

头前直肌

肩肘要放松。

肱二头肌

肱三头肌

胸锁乳突肌

胸大肌

起始姿势

- 采用起始姿势 ②。

运动技巧

- 慢慢地吸气，再缓缓呼气，不要憋气。
- 双手掌心朝后放在额头上，手指指向头顶。
- 手掌轻轻向后施加压力，同时头部也向前施加压力，但不要移动头部。
- 保持6秒。
- 放松颈部和双手，不要移动它们的位置。
- 重复做2次。

颈部等长收缩运动：手放在头部后面

头部不要移动。

双肘向两侧打开。

头夹肌

头半棘肌

头长肌

斜方肌

背阔肌

起始姿势

● 采用起始姿势 ❷。

运动技巧

● 缓慢吸气和呼气，不要憋气。
● 将双手交叉放在头部后面。
● 用手轻轻向前按压头部，同时头部轻轻向后施压。
● 保持 6 秒。
● 放松颈部和手，但不要改变它们的位置。
● 重复整个运动 2 次。

颈部静态拉伸运动：屈曲

起始姿势

- 以仰卧的姿势平躺在垫子、毯子或隔热垫上。
- 屈膝以便支撑和放松腰部。
- 双腿平行分开与髋部同宽，双脚朝前，脚掌着地。
- 双手抱头，尽量将胳膊肘、前臂和双手手背靠紧。如果保持这个姿势有难度，可以双手交叉，护住后脑勺。
- 嘴唇和下巴放松。

健康益处

- 帮助椎体进行正确定位和疏通可能出现的压迫情况，纠正颈椎过度紧张。
- 增强颈部肌肉的力量，减轻颈部的不适感。

注意事项

- 当用手托举头部来进行抬起和放下的拉伸动作时，应该格外小心，要以缓慢温和的方式进行。
- 如果您的颈椎部位很脆弱，双手就不要过度用力牵引，只起到支撑头部的作用即可。

运动技巧

- 先保持起始姿势并吸气，随后呼气，在呼气的同时，双手做牵引慢慢抬起头部，使头部向前倾斜，下巴向胸部靠近。
- 只有颈部被抬起，胸部和腰腹不要提起，仍保持不动。
- 保持 5～10 秒，同时深吸气，慢呼气。
- 缓慢吸气，同时头部慢慢回到地面。双手须紧紧抱住头部，以牵引的姿势帮助颈部肌肉继续进行拉伸，下巴微微内收，感受脊椎逐渐与地面接触和获得支撑的力量。
- 重复练习动作 3 次。

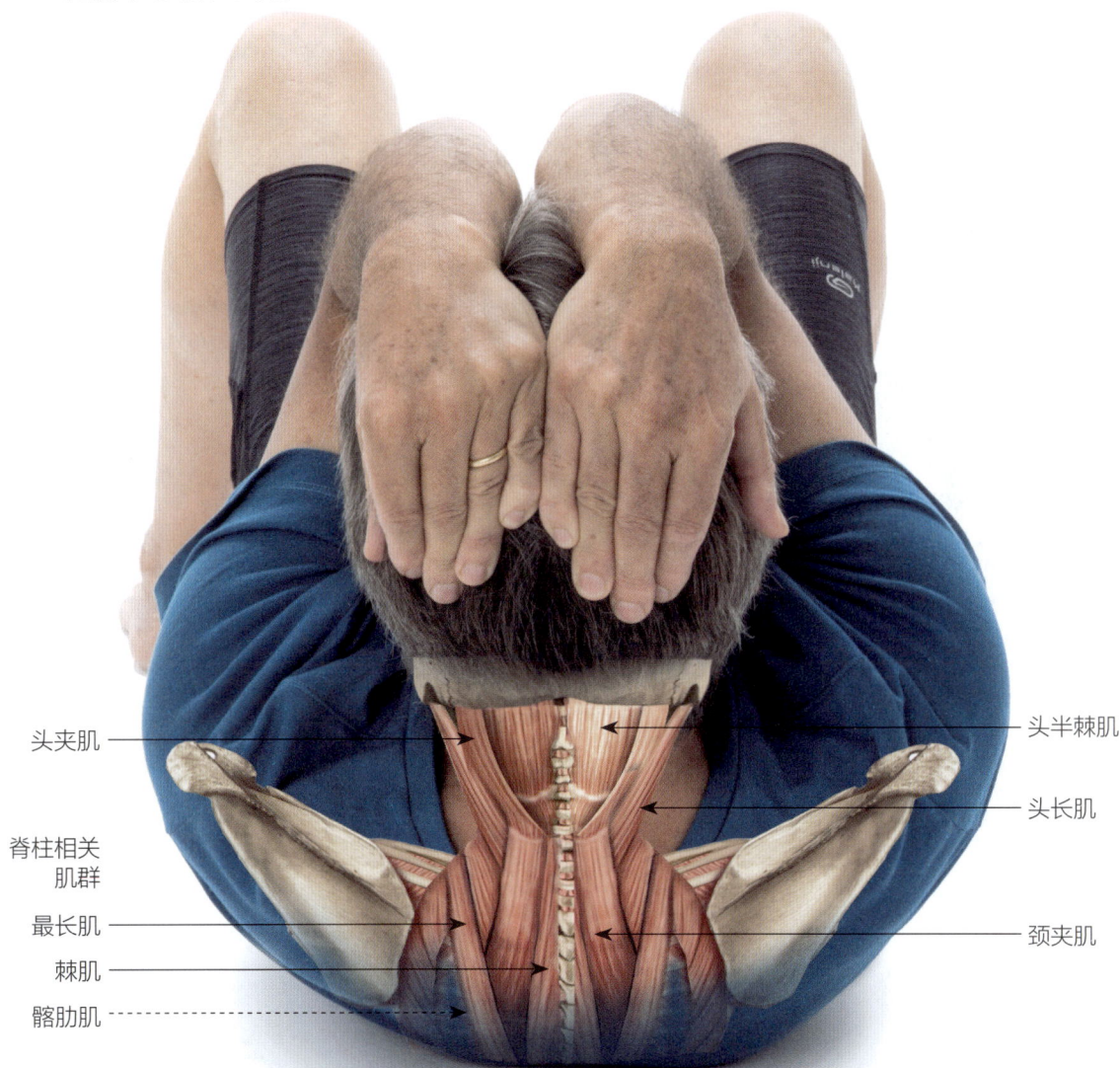

头夹肌

脊柱相关
肌群

最长肌

棘肌

髂肋肌

头半棘肌

头长肌

颈夹肌

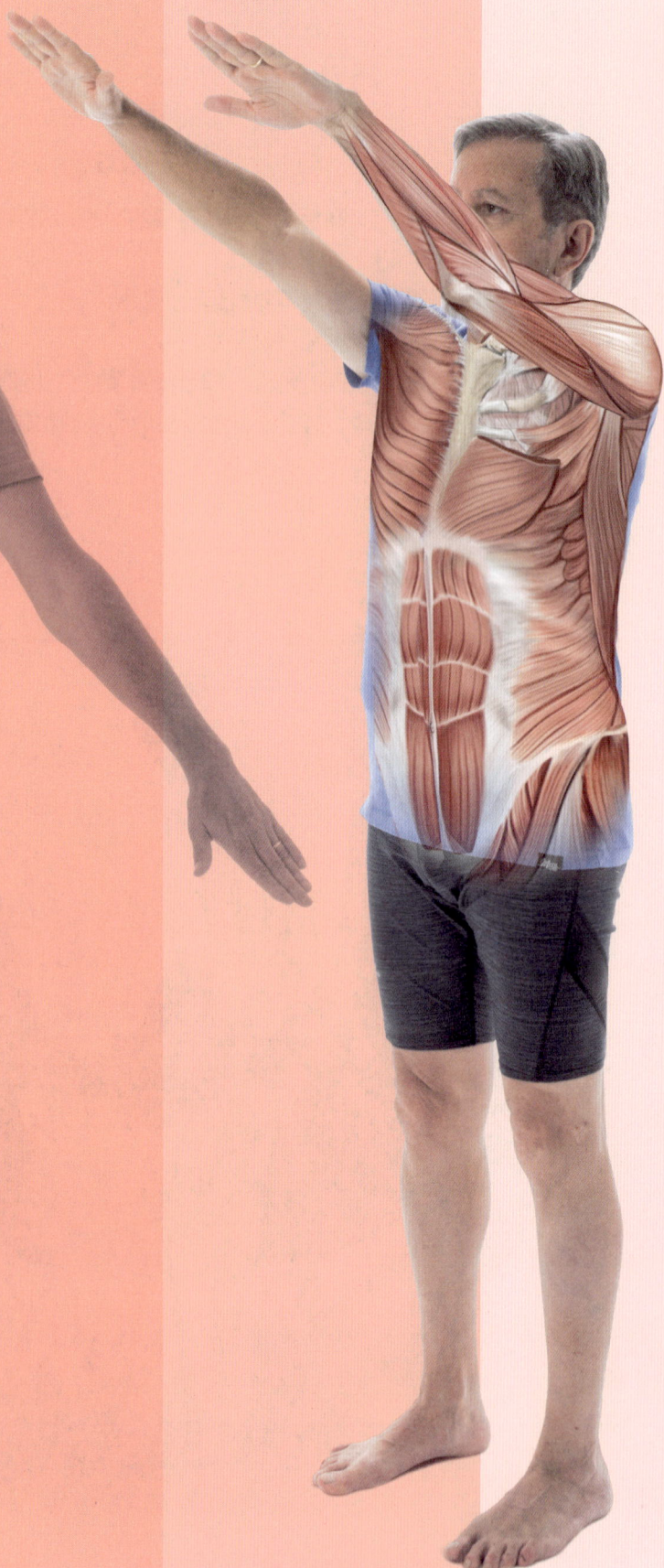

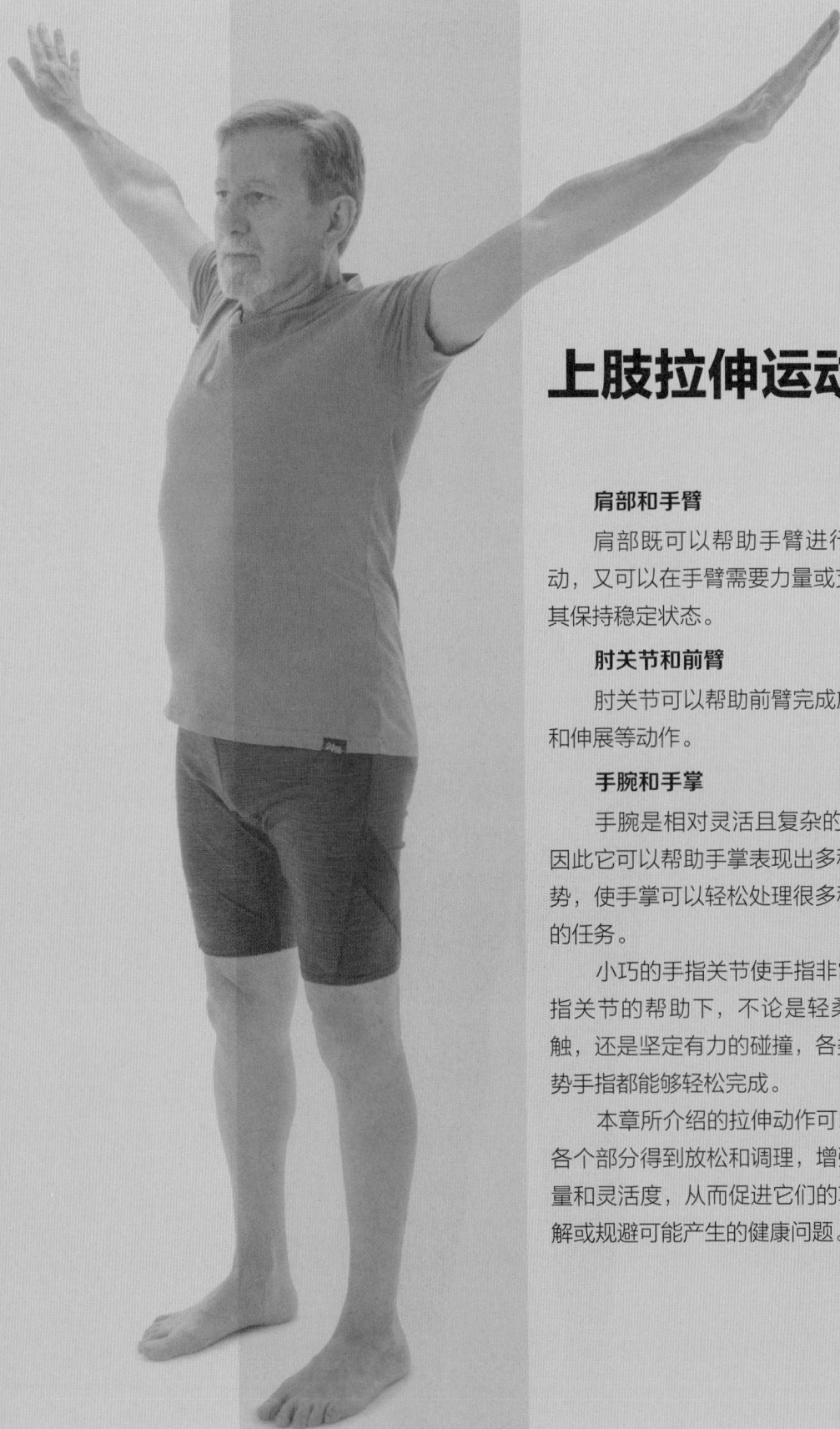

上肢拉伸运动

肩部和手臂

肩部既可以帮助手臂进行灵活的运动，又可以在手臂需要力量或支撑时帮助其保持稳定状态。

肘关节和前臂

肘关节可以帮助前臂完成旋转、弯曲和伸展等动作。

手腕和手掌

手腕是相对灵活且复杂的身体部位，因此它可以帮助手掌表现出多种形态和姿势，使手掌可以轻松处理很多种不同类型的任务。

小巧的手指关节使手指非常灵活。在指关节的帮助下，不论是轻柔细腻的抚触，还是坚定有力的碰撞，各类动作和姿势手指都能够轻松完成。

本章所介绍的拉伸动作可以使上肢的各个部分得到放松和调理，增强它们的力量和灵活度，从而促进它们的功能，并缓解或规避可能产生的健康问题。

肩部动态拉伸运动：提起和放下

起始姿势

- 采用起始姿势 ① 。

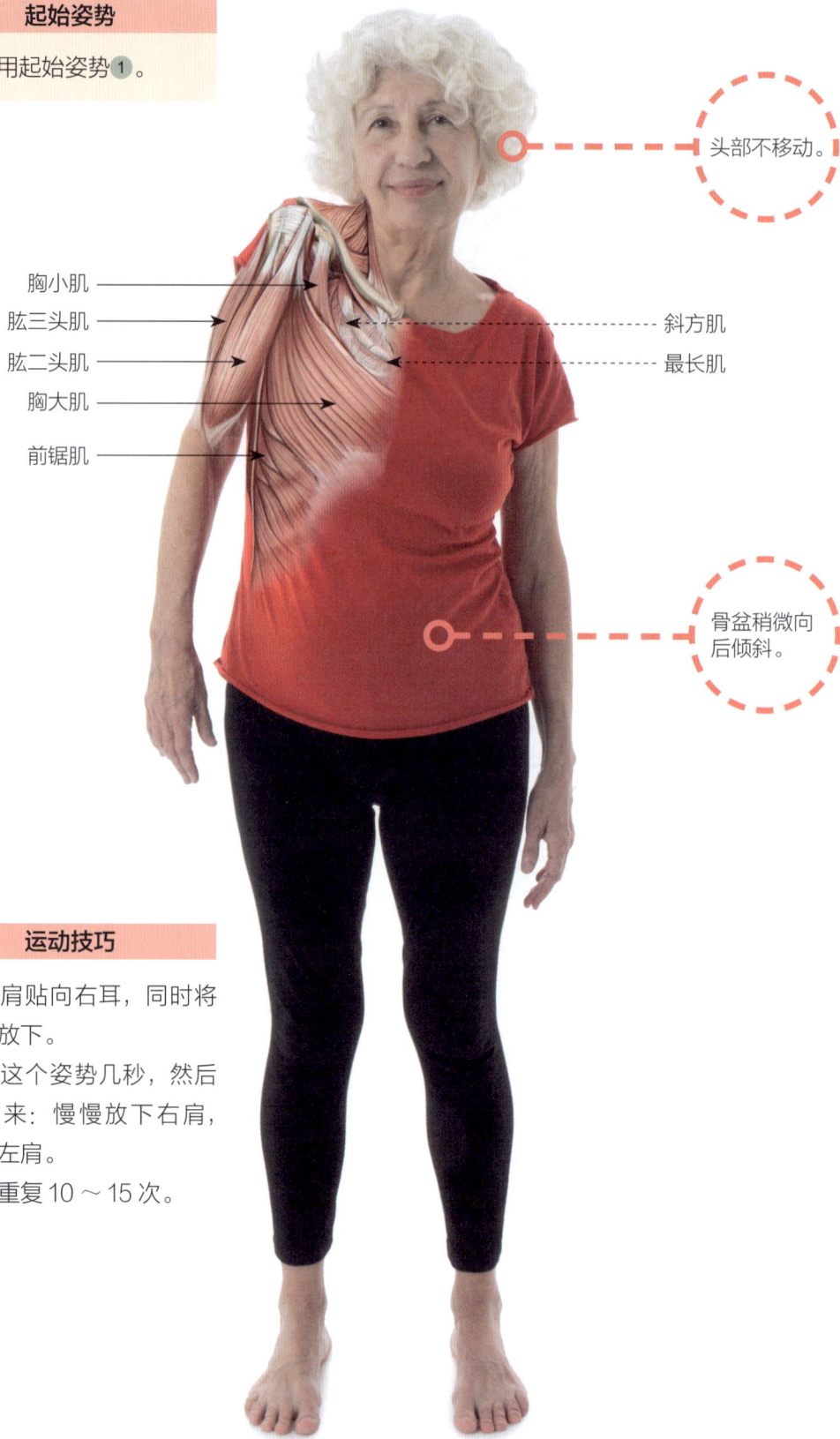

胸小肌

肱三头肌

肱二头肌

胸大肌

前锯肌

斜方肌

最长肌

头部不移动。

骨盆稍微向后倾斜。

运动技巧

- 将右肩贴向右耳，同时将左肩放下。
- 保持这个姿势几秒，然后反过来：慢慢放下右肩，提起左肩。
- 缓慢重复 10 ~ 15 次。

动作始于
肩膀。

后斜角肌
斜方肌
中斜角肌
前斜角肌
胸锁乳突肌
胸大肌
肱二头肌

手臂放松。

注意事项

- 为了避免颈部紧张，应该抬高肩膀，但不要耸肩。

健康益处

- 放松和缓解肩部及手臂的肌肉紧张。
- 缓解肩膀和颈部的不适。

动作顺序

- 肩膀以连续而有节奏的方式上下移动。

① ② ③ ④

44

肩臂动态拉伸运动：前屈和后屈

起始姿势

- 采用起始姿势 ①。

运动技巧

- 先吸气，后呼气，在呼气的同时，肩膀向前和向内移动，不要抬起肩膀。此外，还要注意这个动作是由肩膀发力，而不是手臂。手臂只起到配合的作用。
- 完成动作后，吸气，身体回到起始位置。然后肩膀开始向后和向外移动，不要抬起肩膀。
- 呼气，身体回到起始位置。接着重复整个过程10～20次。

健康益处

- 缓解肩部的紧张感和肌肉僵硬，提升其活动能力。
- 有助于恢复肩关节可能存在的损伤。

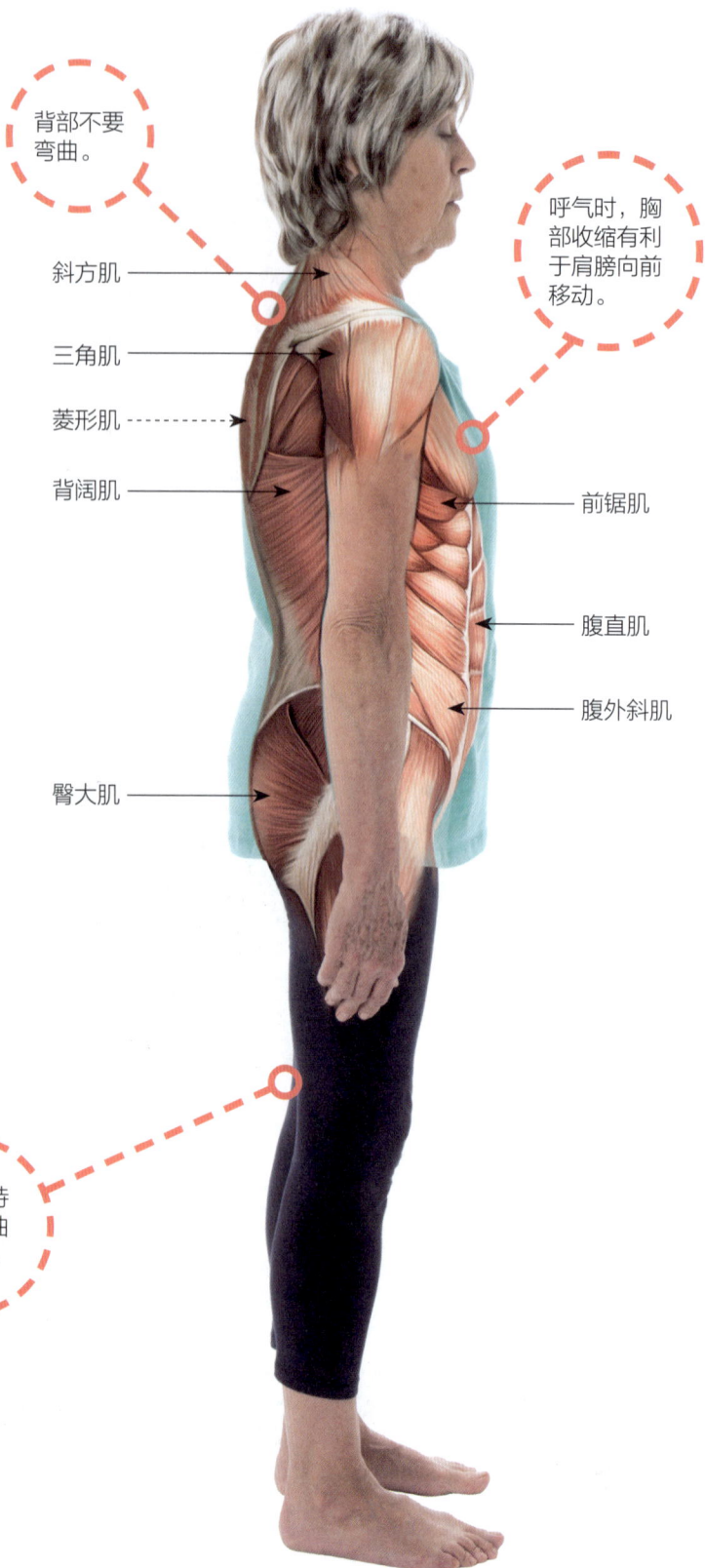

背部不要弯曲。

呼气时，胸部收缩有利于肩膀向前移动。

斜方肌

三角肌

菱形肌

背阔肌

前锯肌

腹直肌

腹外斜肌

臀大肌

双腿保持轻微弯曲的状态。

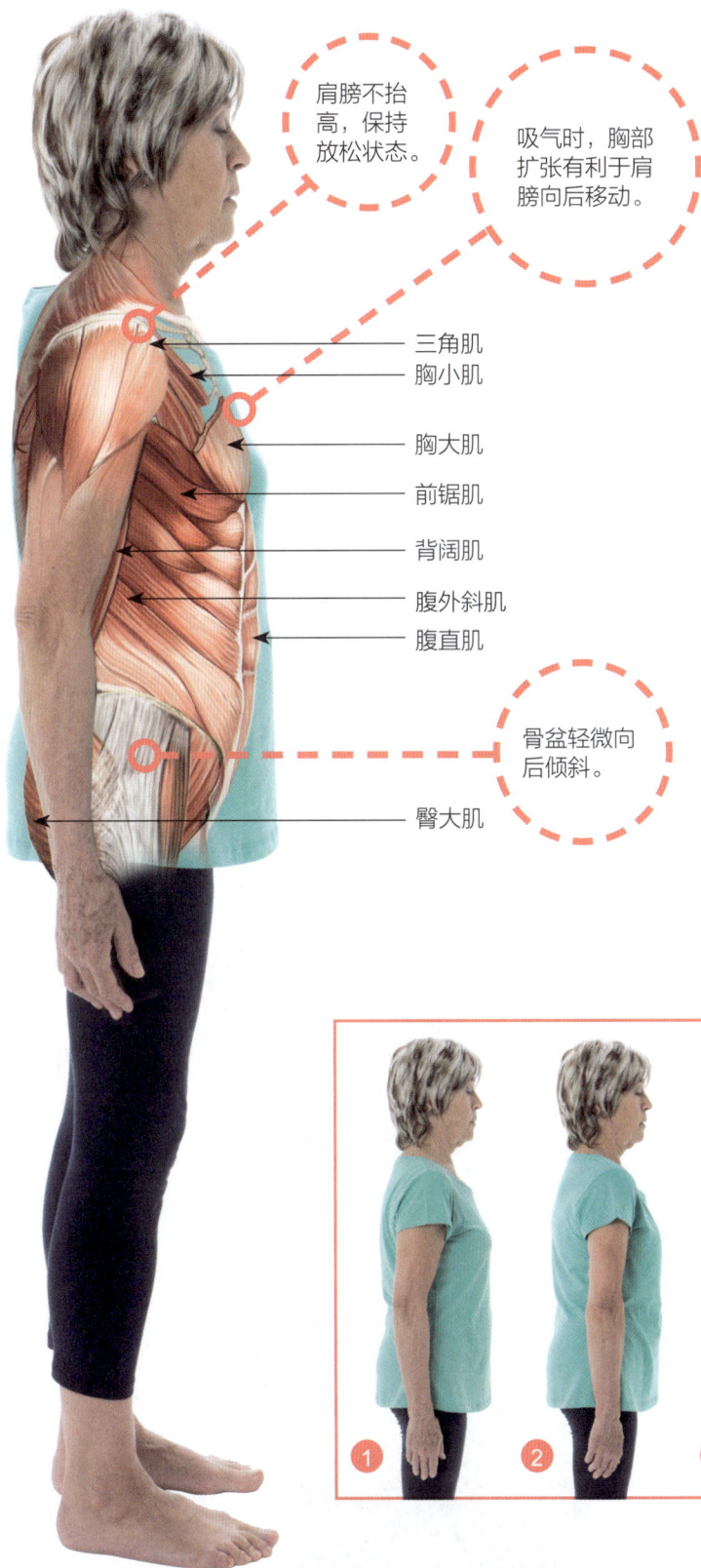

肩膀不抬高，保持放松状态。

吸气时，胸部扩张有利于肩膀向后移动。

注意事项

- 若肩部有问题，就不要强行向后移动。

三角肌
胸小肌
胸大肌
前锯肌
背阔肌
腹外斜肌
腹直肌

骨盆轻微向后倾斜。

臀大肌

动作顺序

- 有意识地控制肩部缓慢地从前推到后推，在完成每个动作的同时要注意对应呼吸节奏。

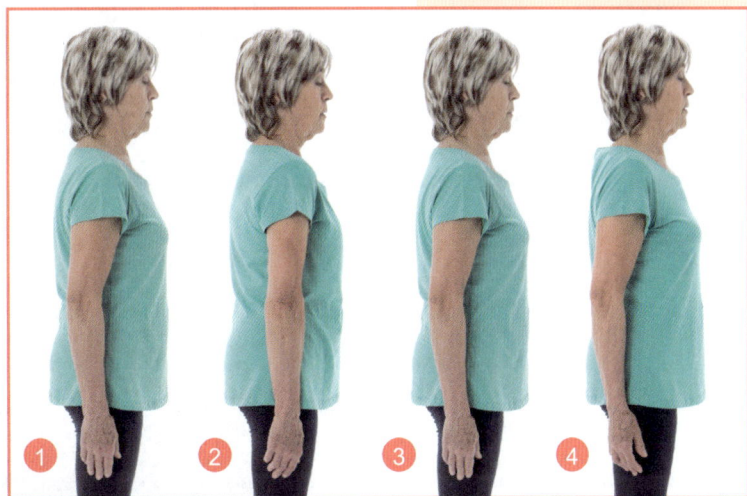

1 2 3 4

肩臂动态拉伸运动：外旋和内旋

起始姿势

- 采用起始姿势 ①。

运动技巧

- 手臂向两侧抬起并伸直，与躯干形成约70度的夹角。
- 吸气时，将双手先调整为掌心朝上的姿态，然后缓缓向外翻转手腕，带动肩膀和手臂进行外旋。
- 呼气时，将双手先调整为掌心朝下的姿态，然后缓缓向内翻转手腕，带动肩膀和手臂进行内旋。
- 吸气，回到起始位置，重复10～15次。

健康益处

- 促进肩关节组织分泌润滑和营养物质，防止关节磨损。
- 增强肩部和手臂肌肉的力量（尤其是肱二头肌和肱三头肌），防止肌肉松弛。

注意事项

- 如果肩膀有不适感，进行这些拉伸运动时，手臂抬起的高度可以稍低一些，与躯干形成约45度的夹角即可。

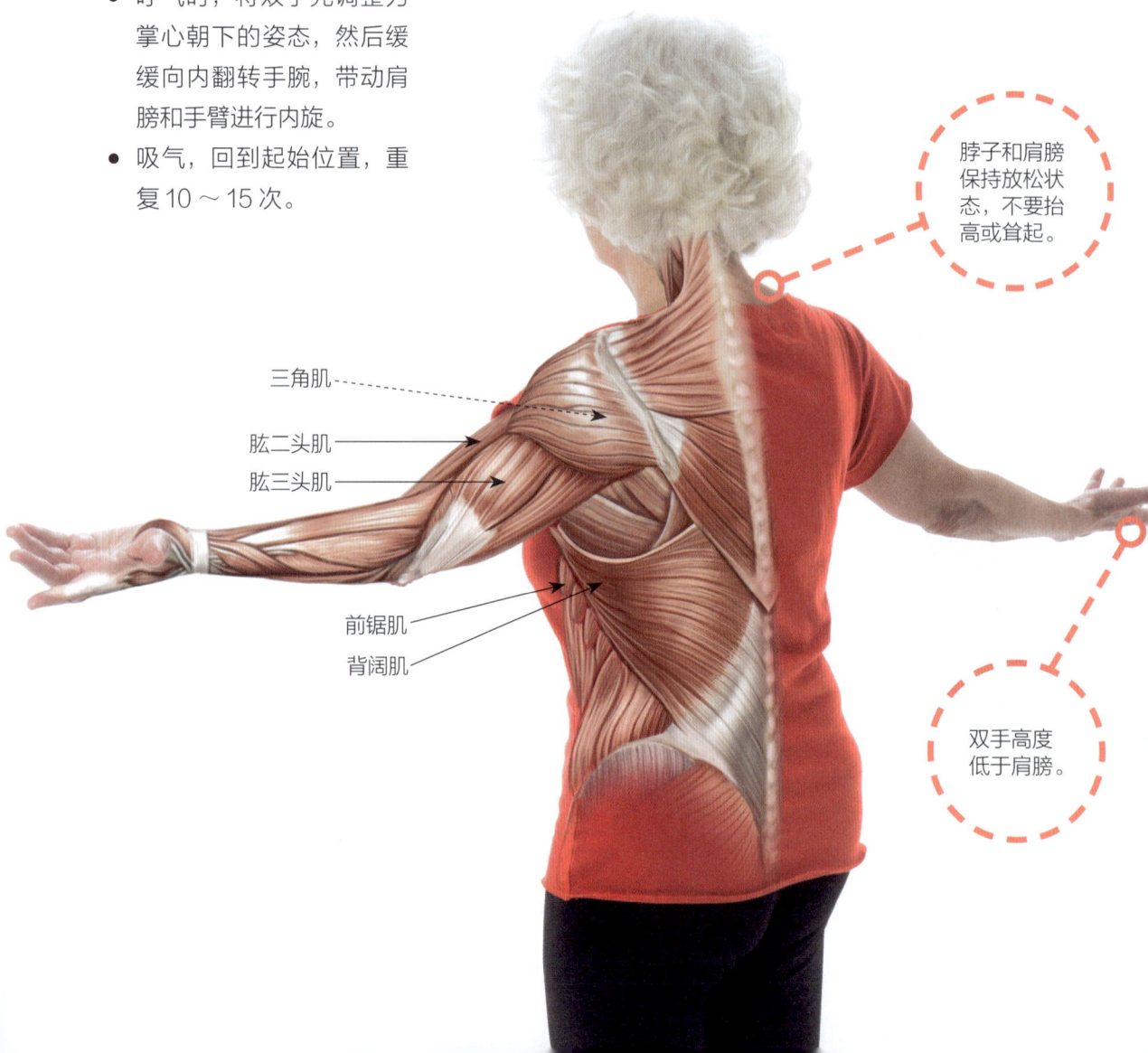

脖子和肩膀保持放松状态，不要抬高或耸起。

三角肌

肱二头肌

肱三头肌

前锯肌

背阔肌

双手高度低于肩膀。

动作顺序

① ② ③ ④

● 肩臂进行旋转运动时，尽量以手腕向内或向外旋转的动作来做牵引，这样可以达到更好的拉伸效果。

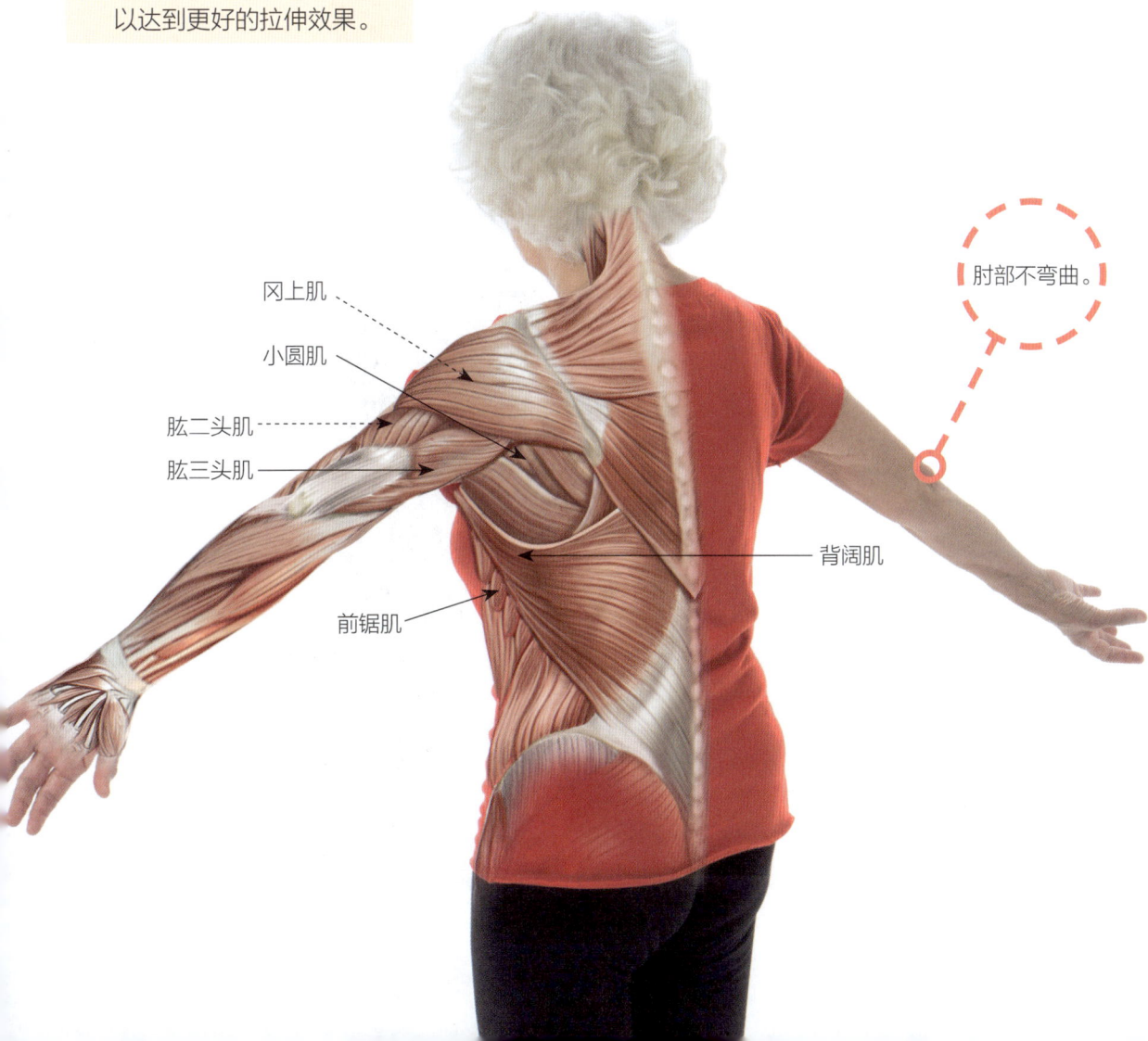

冈上肌

小圆肌

肱二头肌

肱三头肌

前锯肌

背阔肌

肘部不弯曲。

肩臂动态拉伸运动：屈曲和伸展

起始姿势

- 采用起始姿势①。

运动技巧

- 吸气，同时将手臂向前伸直并抬高，直至双臂垂直朝上并紧贴在头部的两侧。在此过程中，肩部进行了向前屈曲和伸展的拉伸运动。

- 呼气，同时缓慢放下手臂。回到起始位置后，双臂开始向后上方进行伸展。在此过程中，肩部进行了向后屈曲和伸展的拉伸运动。

- 吸气，回到起始位置，重复10～15次。

注意事项

- 对于肩部有不适的人，应该小心地进行这两个拉伸运动。注意，不要过度抬高双臂，必要时可以保持肘部轻微弯曲。

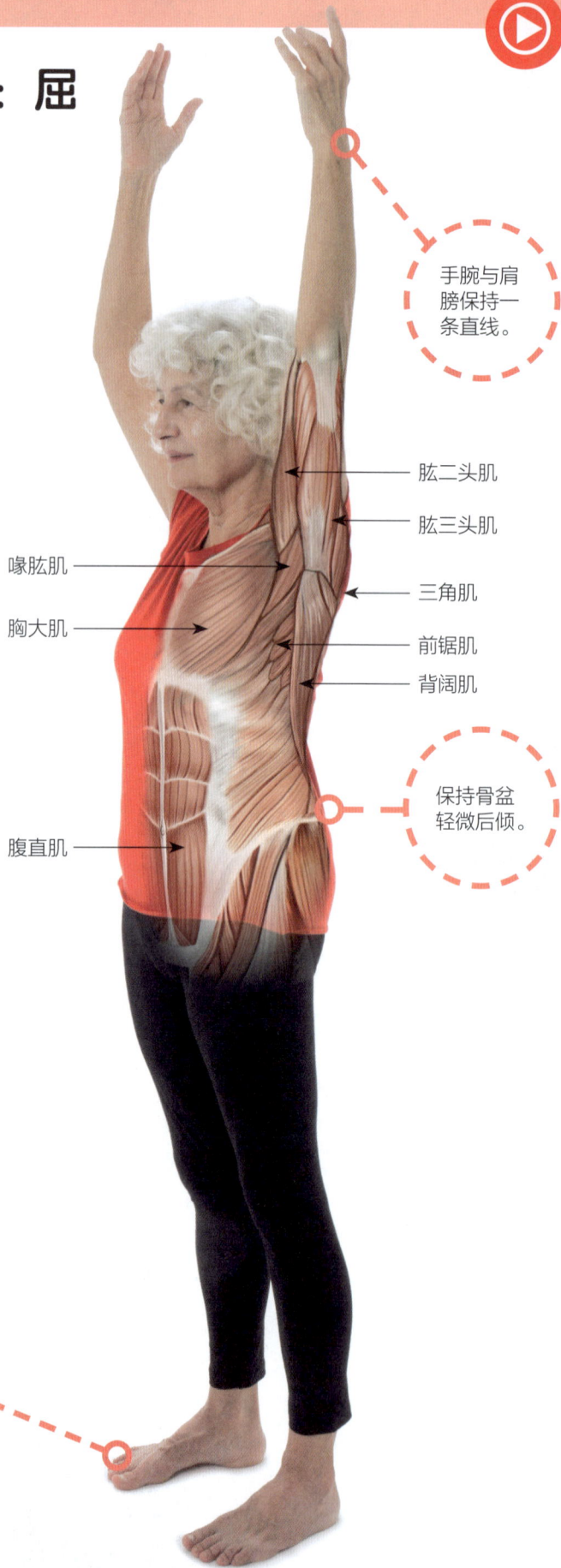

手腕与肩膀保持一条直线。

肱二头肌

肱三头肌

喙肱肌

三角肌

胸大肌

前锯肌

背阔肌

保持骨盆轻微后倾。

腹直肌

脚朝前方，与髋部对齐。

头部不要向前倾，下巴保持稍微内收。

健康益处

- 预防该区域肌肉萎缩，增强肌肉。
- 增加肩部运动范围。
- 扩大胸腔，增强呼吸能力。
- 改善背部姿势，预防和矫正驼背。

冈上肌
肩胛下肌

三角肌
胸大肌
肱三头肌
肱二头肌
前锯肌
背阔肌

腹直肌

张开手指以增加拉伸度。

动作顺序

- 在肩部屈曲时吸气，在肩部伸展时呼气，以促进拉伸程度。

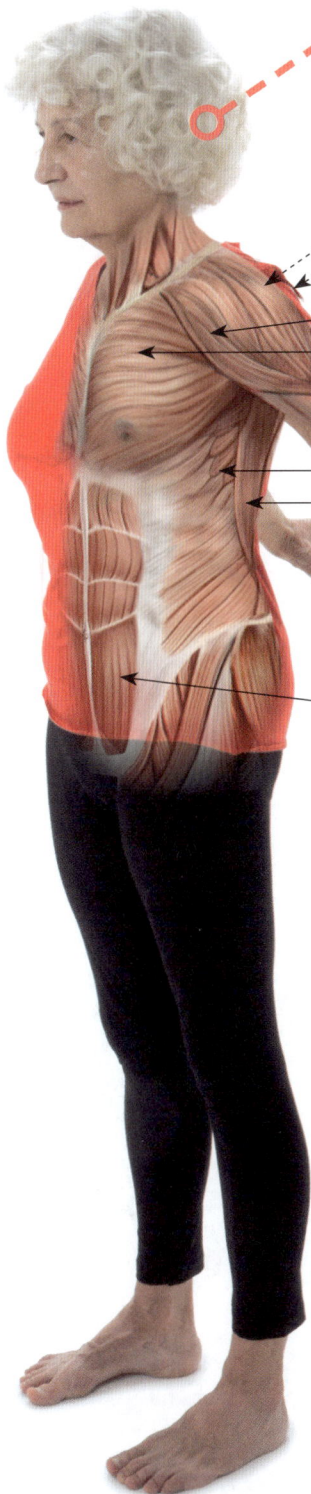

1 2 3 4

肩臂动态拉伸运动：向后环绕

起始姿势

- 采用起始姿势 ①。

运动技巧

- 深吸气，同时将双臂向前伸直。随后肩膀向前屈曲，并将双臂抬高至垂直向上，紧贴在头部的两侧。

- 呼气，同时双臂向外展开，接着缓缓向下移动到身体两侧，直至与身体组成"十字"形状。

- 继续向下移动双臂，肩臂向后屈曲和内收，直至手臂自然垂落在身体两侧。

- 手臂始终保持伸直。

- 重复此过程 6 次。

动作顺序

- 整个拉伸过程是缓慢但连续的。呼吸的状态变化标志着拉伸运动进行的状态：吸气时，双臂抬起；呼气时，双臂放下。

① ② ③

④ ⑤ ⑥

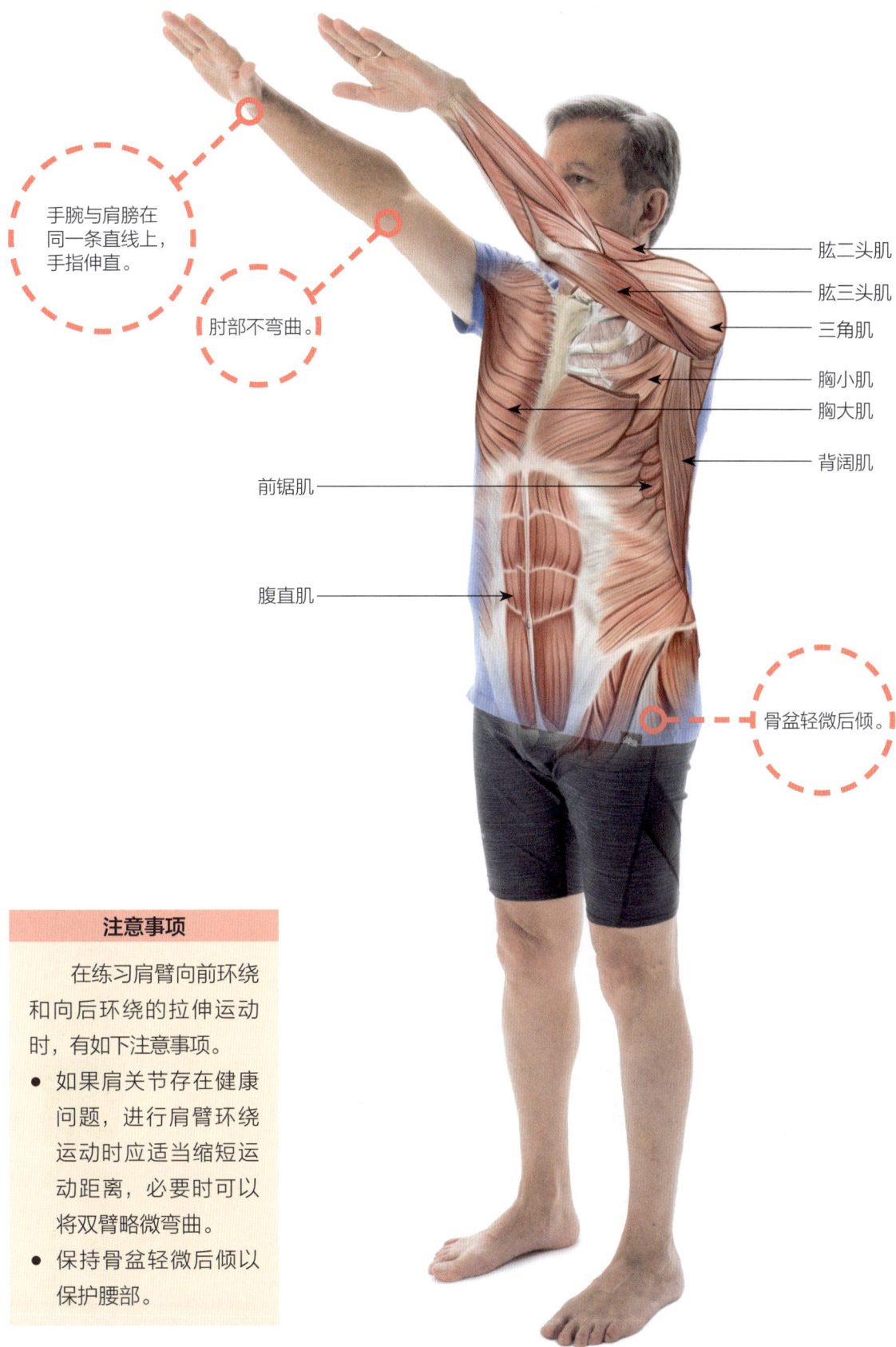

手腕与肩膀在
同一条直线上，
手指伸直。

肘部不弯曲。

肱二头肌

肱三头肌

三角肌

胸小肌

胸大肌

背阔肌

前锯肌

腹直肌

骨盆轻微后倾。

注意事项

在练习肩臂向前环绕
和向后环绕的拉伸运动
时，有如下注意事项。

● 如果肩关节存在健康
问题，进行肩臂环绕
运动时应适当缩短运
动距离，必要时可以
将双臂略微弯曲。

● 保持骨盆轻微后倾以
保护腰部。

肩臂动态拉伸运动：向前环绕

起始姿势	运动技巧	健康益处

起始姿势

- 采用起始姿势 ① 。

运动技巧

- 深吸气，同时将双臂伸直，向身体后上方移动，肩臂向后屈曲和伸展。然后，双臂继续向上移动并向外展开，直至与身体组成"十字"形状。
- 双臂继续抬高至垂直向上，紧贴在头部的两侧。
- 呼气，同时双臂向前伸直并逐渐放下，直至回到起始位置。
- 手臂始终保持伸直。
- 重复以上动作 6 次。

健康益处

练习肩臂向前环绕和向后环绕的拉伸运动可以带来如下好处。

- 显著改善肩部肌肉及肩胛骨的活动能力。
- 舒缓上背部的肌肉紧张。
- 预防和纠正驼背。
- 扩张胸腔并增加肺活量。

① ② ③ ④

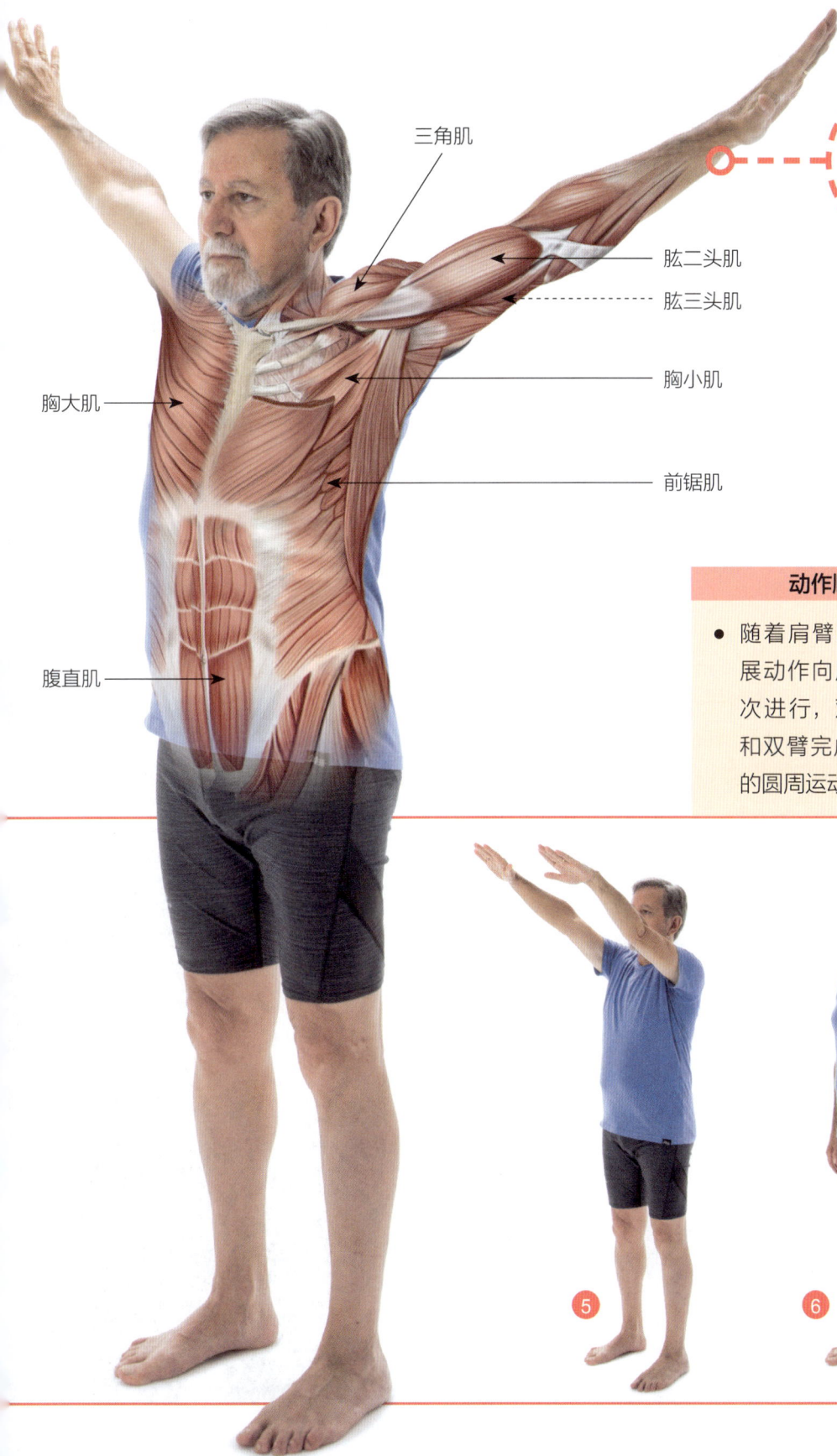

手臂和手腕保持伸直。

三角肌

肱二头肌

肱三头肌

胸小肌

胸大肌

前锯肌

腹直肌

动作顺序

- 随着肩臂的屈曲、伸展动作向后和向外依次进行，双手、肩部和双臂完成了360度的圆周运动。

5

6

肘、腕和手部动态拉伸运动：伸展和屈曲

起始姿势

- 采用起始姿势 1 或 2。

运动技巧

- 抬起右臂，将手臂从身体前方向上提起，直到手与肩齐平。右手掌心向前，手指向下；左手掌心向后，垂直放在右手手指上方。

- 左手手掌缓缓轻压在右手手指上，带动右手手指向下移动，拉伸手腕。

- 保持拉伸状态几秒。

- 缓慢而平静地呼吸。

- 接下来，左手握住右手，并轻轻带动右手向右肩靠近，弯曲手腕和肘部。

- 保持这个拉伸姿势几秒后，将双臂放回起始位置。将整个运动过程重复 6～10 次后，抬起左臂，完成上述拉伸运动。

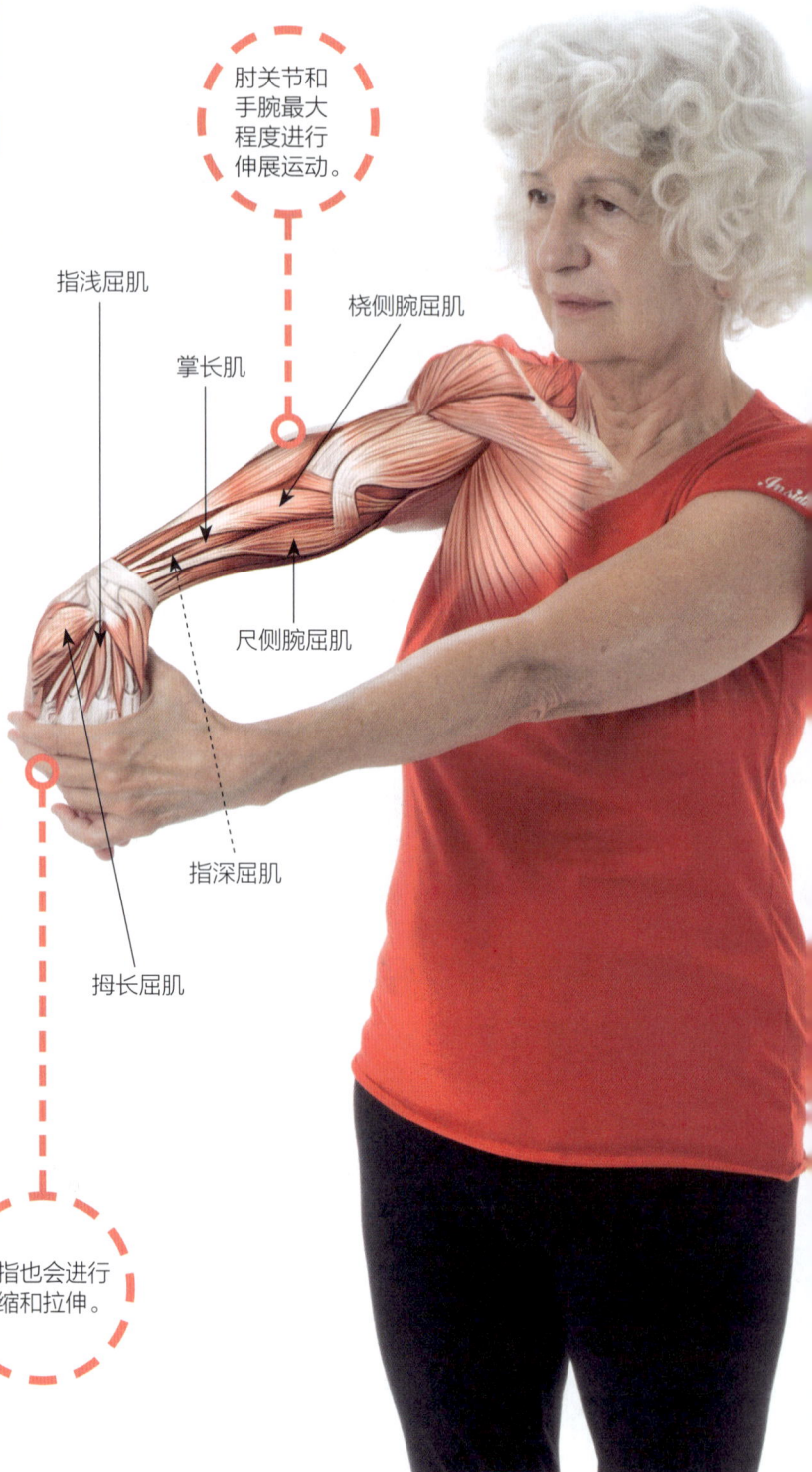

肘关节和手腕最大程度进行伸展运动。

指浅屈肌

掌长肌

桡侧腕屈肌

尺侧腕屈肌

指深屈肌

拇长屈肌

手指也会进行收缩和拉伸。

注意事项

- 如果患有腕管综合征，在进行该练习时一定要小心。如果在运动过程中感到疼痛，要适当减小动作强度或停止练习，不要超过身体极限。
- 如果感觉练习强度过大，可以适当放低手臂的位置，无须将手腕和肩膀保持在同一高度上。

健康益处

- 强化手腕和肘部的关节。
- 缓解手腕和手指的不适。
- 有助于肘部受损后的恢复进程，降低肘部关节患发炎症的概率。

动作顺序

- 屈曲和伸展运动交替进行，相互补偿以达到良好的拉伸效果。

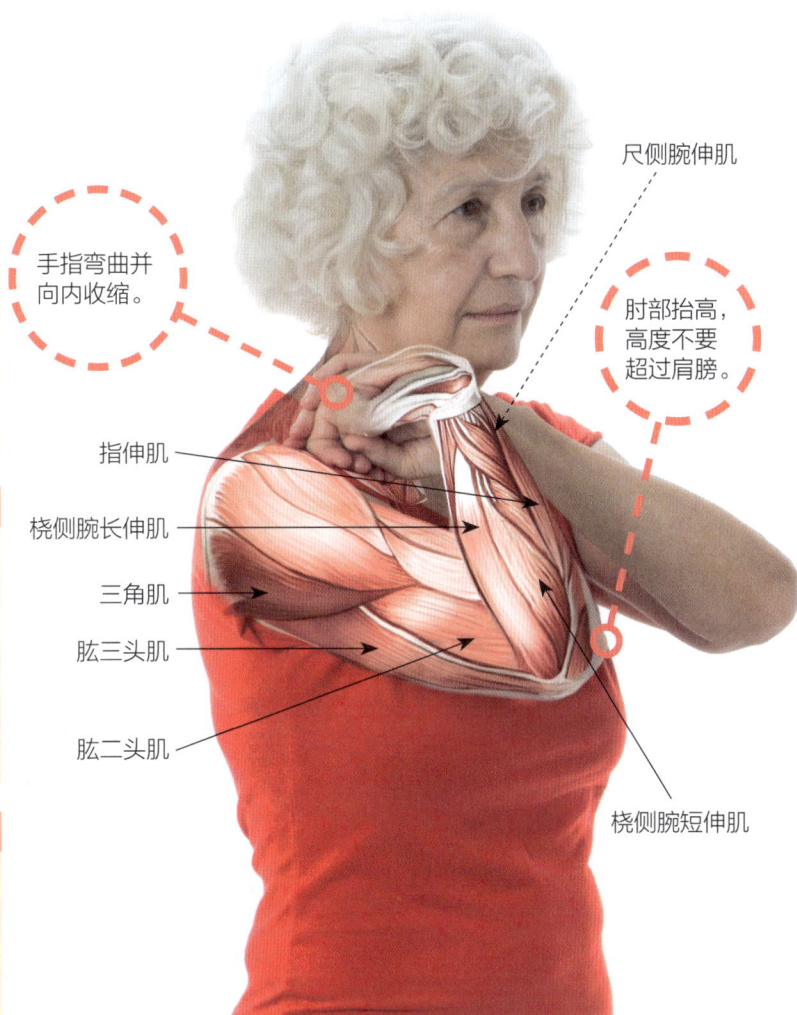

手指弯曲并向内收缩。

尺侧腕伸肌

肘部抬高，高度不要超过肩膀。

指伸肌

桡侧腕长伸肌

三角肌

肱三头肌

肱二头肌

桡侧腕短伸肌

❶　❷　❸　❹

手腕动态拉伸运动：内收和外展

起始姿势

- 采用起始姿势 ① 或 ②。

运动技巧

- 双臂放在身体两侧，肘部弯曲，前臂朝前方伸直。接着向前伸出双手，掌心向下，五指伸直并拢。
- 手腕内收，带动双手向身体内侧移动。随后，手腕外展，带动双手向外回到起始位置。在运动过程中，前臂全程保持不动。

注意事项

- 如果腕关节有不适感或受伤，外展的运动幅度需缩小。

健康益处

- 增强手腕的力量。
- 缓解手腕僵硬，使手腕变得更灵活。
- 有效锻炼前臂肌肉的力量。

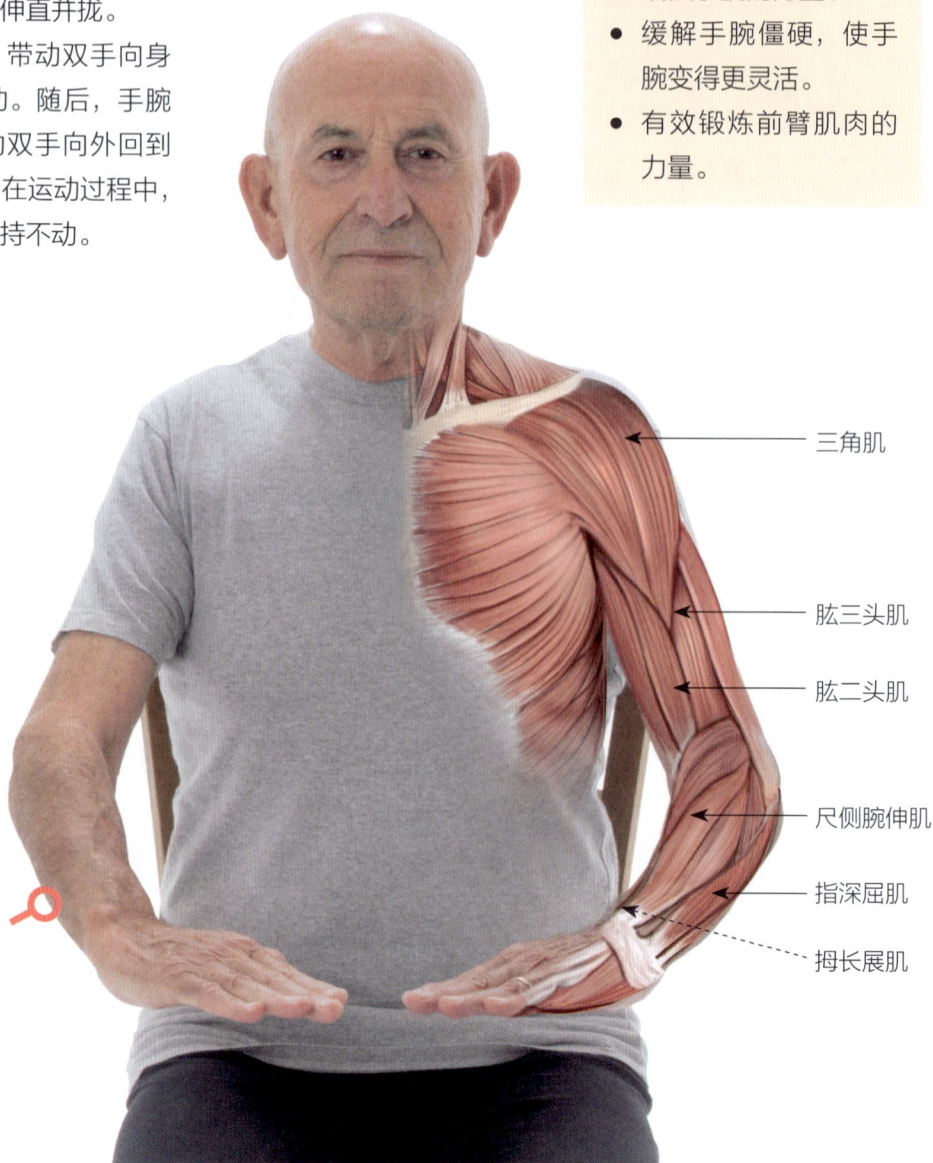

前臂保持静止。只有手部在进行运动。

三角肌

肱三头肌

肱二头肌

尺侧腕伸肌

指深屈肌

拇长展肌

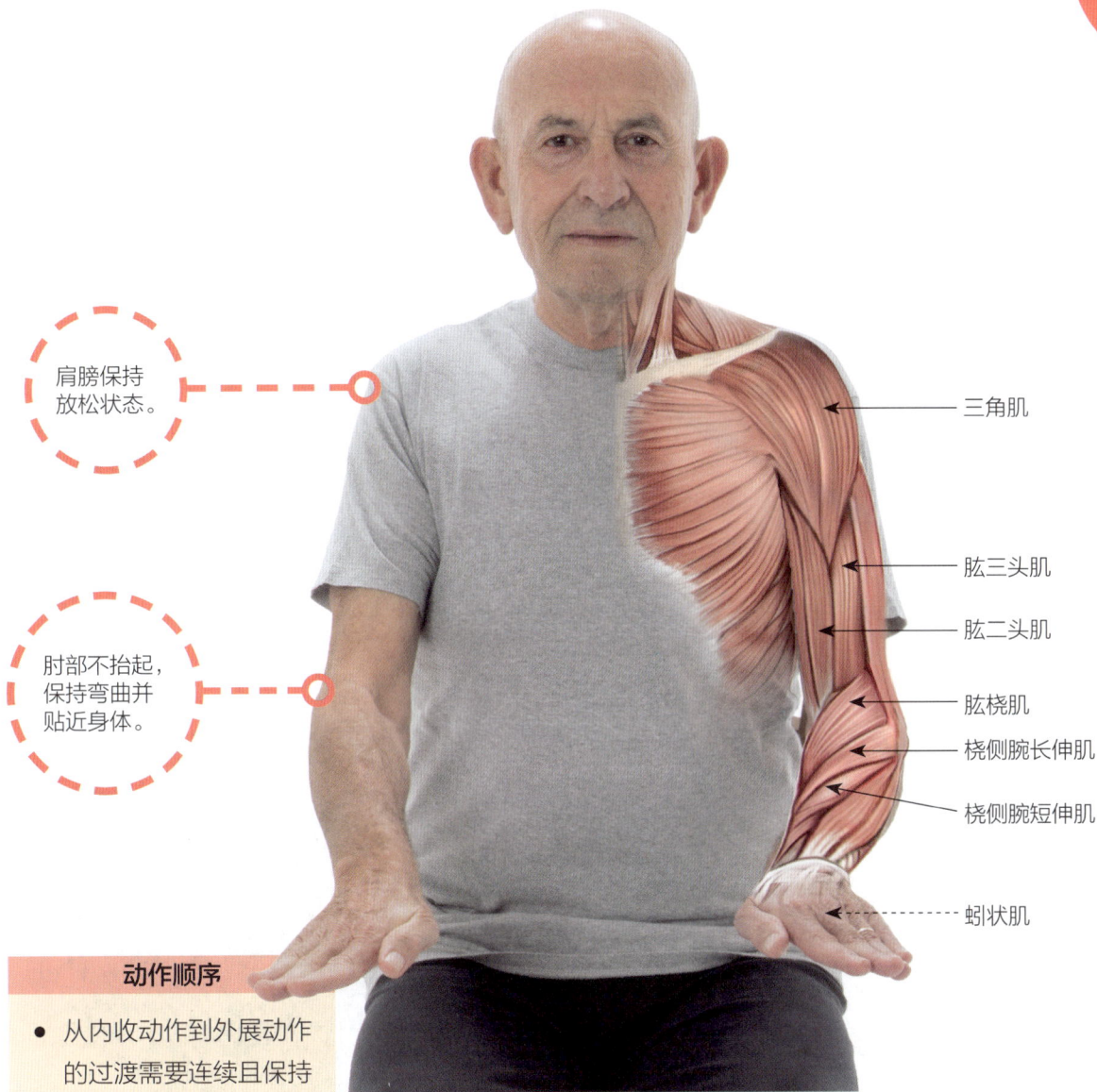

肩膀保持放松状态。

三角肌

肘部不抬起，保持弯曲并贴近身体。

肱三头肌

肱二头肌

肱桡肌

桡侧腕长伸肌

桡侧腕短伸肌

蚓状肌

动作顺序

- 从内收动作到外展动作的过渡需要连续且保持一定的运动节奏。

手腕动态拉伸运动：环绕

起始姿势

- 采用起始姿势 ❶ 或 ❷。

运动技巧

向外环绕

- 手臂弯曲并靠在身体两侧。
- 前臂向前平伸，双手轻轻握拳，拳心朝下，拇指握在外侧。
- 缓慢向外旋转手腕，使拳心朝上。
- 随后向外旋转手腕，使拳心朝前。
- 缓缓转动手腕，使双手回到起始位置。
- 重复以上动作 10～15 次。

肩膀保持放松状态。

三角肌

肱三头肌
肱二头肌

尺侧腕屈肌
掌长肌
桡侧腕屈肌
指浅屈肌
指深屈肌

动作顺序

- 双手连续进行向外和向内的"画圆"动作。

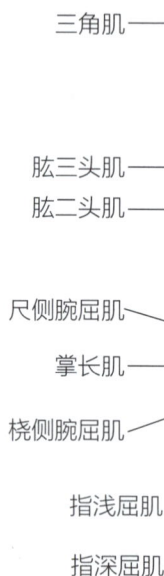

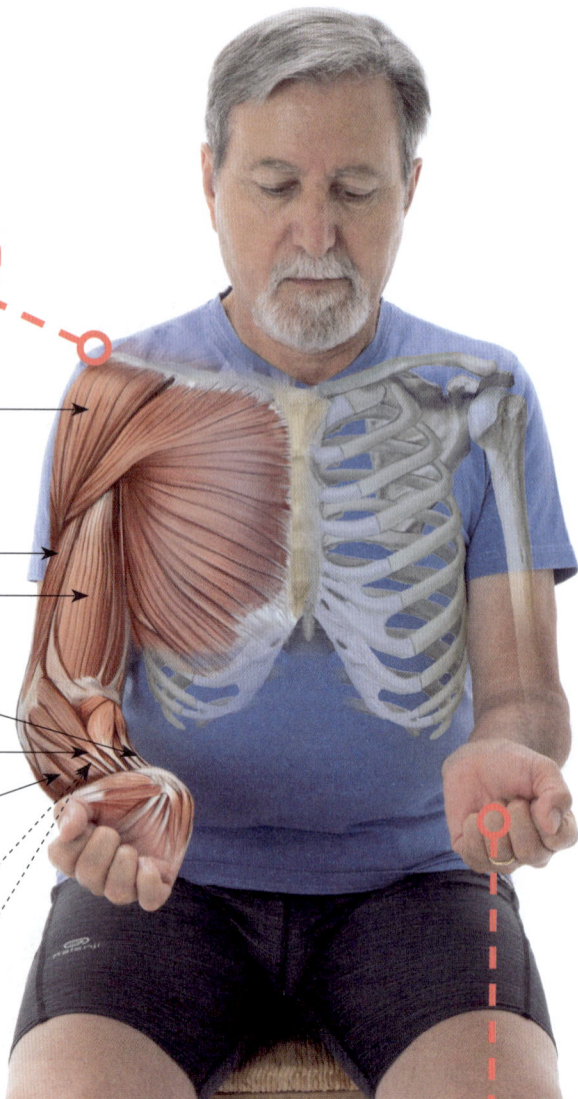

双手保持握着的动作，但不要握紧。

❶　❷　❸　❹

运动技巧

向内环绕

- 双手握拳，拳心向上。
- 缓慢向内旋转手腕，使拳心朝内。
- 随后向内旋转手腕，使拳心向下。
- 缓缓转动手腕，使双手回到起始位置。
- 重复以上动作 10 ~ 15 次。

注意事项

- 强化腕关节。
- 使手部更加灵活。
- 预防或缓解手腕的损伤。

健康益处

- 手腕有疼痛感的人可以进行这些练习，但是不可以超过身体极限，应该适当降低手腕活动的幅度。

三角肌

肱三头肌

肱二头肌

桡侧腕长伸肌

桡侧腕短伸肌

指伸肌

尺侧腕伸肌

肘部不移动。

动作顺序

① ② ③ ④

手指动态拉伸运动：伸展和屈曲

起始姿势

- 采用起始姿势 ① 或 ②。

准备动作

- 将手臂弯曲，放在身体两侧，并向前抬起前臂和手。
- 手指张开，尽可能展开手掌，保持拉伸几秒。然后弯曲所有手指，握拳，拇指放在外侧。
- 重复以上动作 10 ~ 20 次。

注意事项

- 如果患有关节炎，一定不要强迫自己进行全部练习，否则会加剧手指的疼痛。如需练习，应缓慢地进行，并适当减小手指的运动幅度。

动作顺序

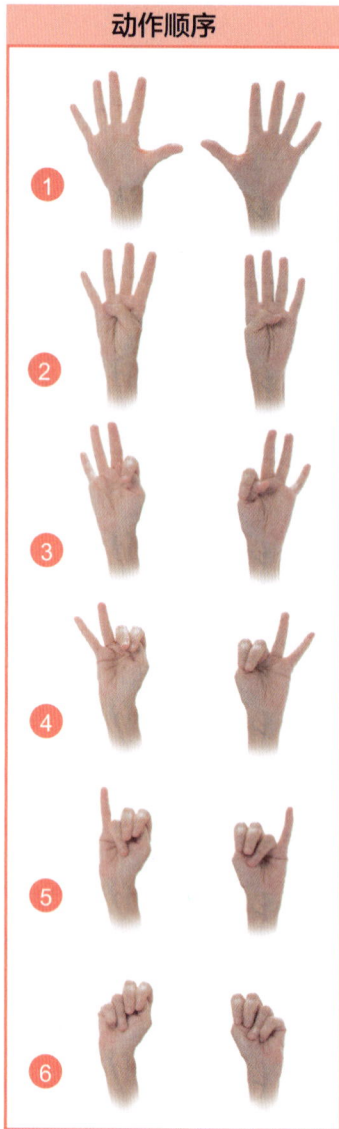

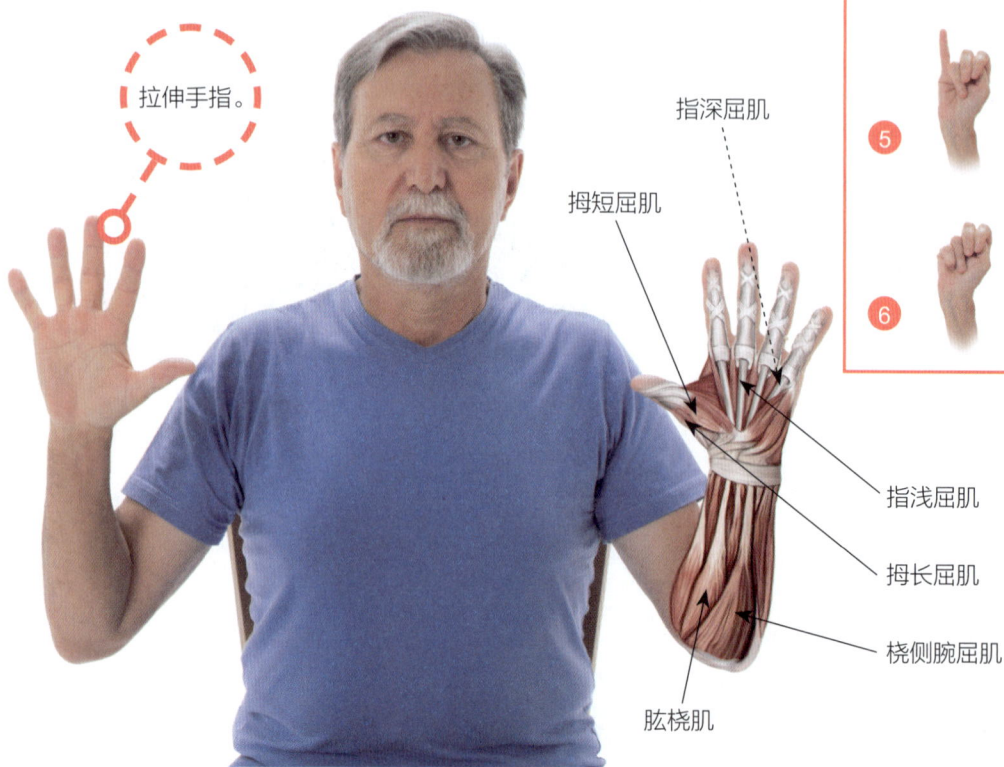

拉伸手指。

指深屈肌

拇短屈肌

指浅屈肌

拇长屈肌

桡侧腕屈肌

肱桡肌

运动技巧

- 将双手手掌张开，每个手指分开，然后开始按照"大拇指—食指—中指—无名指—小指"的顺序弯曲每个手指，直至双手握拳，拇指包在其他手指里面。需要注意的是，每次只弯曲一个手指，不要一起弯曲。
- 短暂保持握拳后，将被握住的大拇指伸出且向上伸直。随后，依次向上伸直食指、中指、无名指和小指。需要注意的是，每根手指在拉伸时最好能保持朝上的姿态。
- 重复整个过程 6 ～ 10 次。

健康益处

- 增强手部肌肉和组织的力量。
- 减轻因关节炎而引起的疼痛。
- 改善因关节炎而受限制的手指活动能力。

动作顺序

1
2
3
4
5
6

肩膀和肘部保持放松。

握拳时手部稍稍用力。

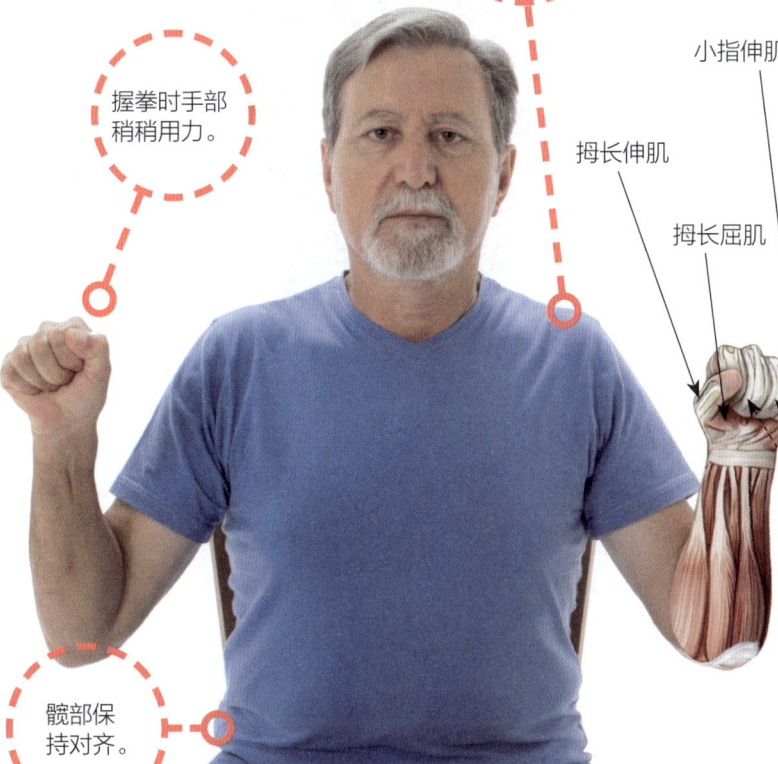

小指伸肌

拇长伸肌

拇长屈肌

指伸肌群

指浅屈肌

指深屈肌

髋部保持对齐。

肩肘静态拉伸运动：外展

起始姿势

- 采用起始姿势 ❶ 。

肩膀不要抬高。

喙肱肌

肱肌

胸小肌

胸大肌

肱二头肌

指浅屈肌

手肘不要抬起。

运动技巧

- 右臂伸直并向外抬起，直至手部和肩部同高。
- 左手轻放在右胸处，在右臂向外抬起时，左手适当施加向左一些牵引力，同时轻压胸部。
- 保持拉伸状态约 10 秒，注意呼吸节奏要平稳和缓慢。
- 放下左手和右臂，回到起始位置后，再完整练习 3 次。
- 完成后，换至左臂和右手，进行同样强度的拉伸练习。

注意事项

- 如果肩部感觉不适，请缓慢轻柔地进行拉伸，手部轻轻按压即可，不要用力牵拽身体。

健康益处

- 减轻肩胛带的张力。
- 增强肩关节的力量。

肩肘静态拉伸运动：内收

- 采用起始姿势 **1** 或 **2**。

运动技巧

- 将右手放在左肩上，左手放在右肘上。
- 用左手推动右肘向左肩靠近。
- 保持拉伸状态 10 ～ 15 秒。
- 左手停止推动，休息几秒后，再完整练习 3 次。
- 完成后，换至左臂，进行同样强度的拉伸练习。

注意事项

- 如果肩部感觉不适，请不要用力推动肘部，仅保持拉伸状态即可。

健康益处

- 改善肩关节的活动程度。
- 缓解肩部在进行牵拉动作后产生的不适感。

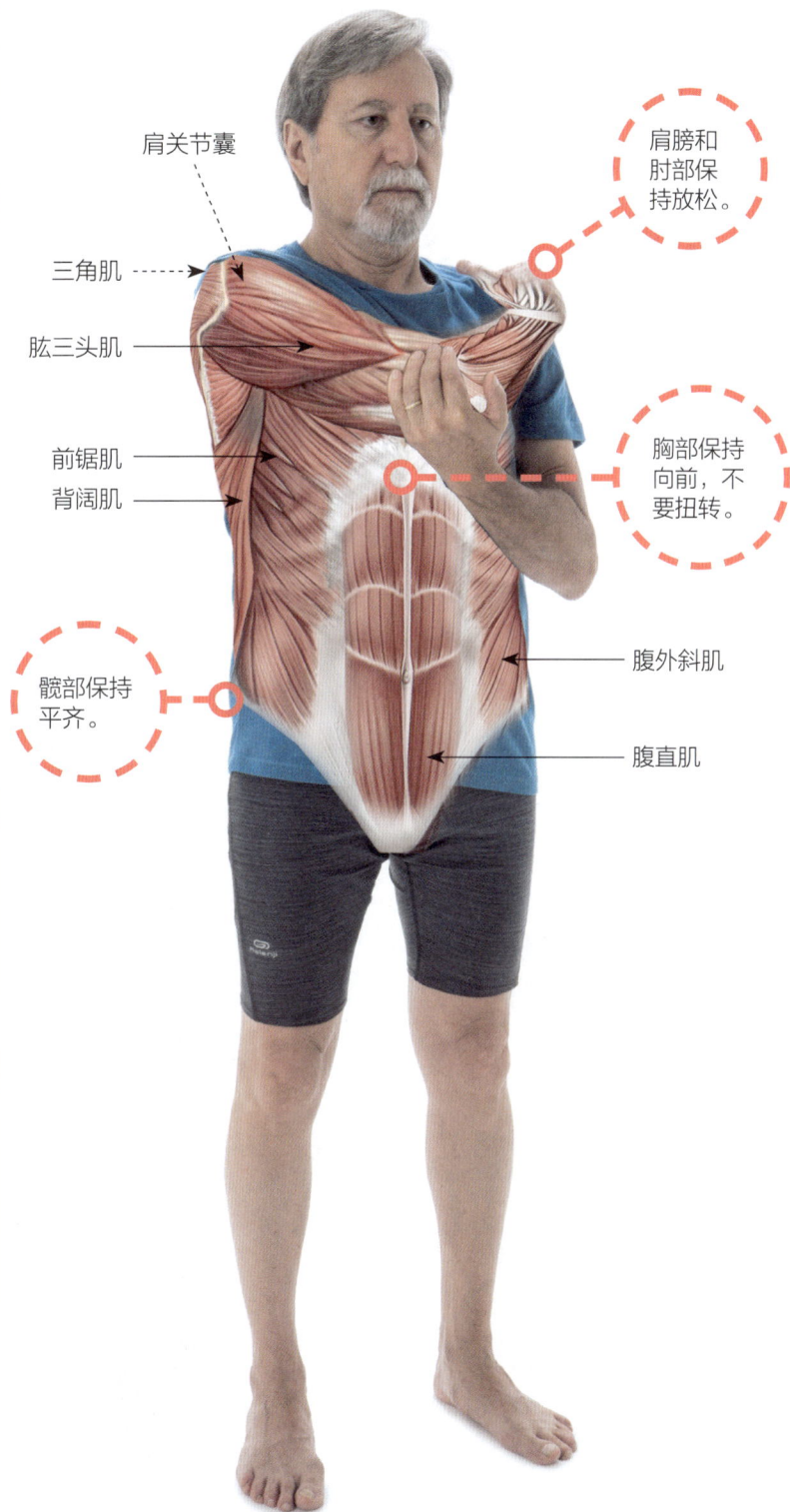

肩关节囊

三角肌

肱三头肌

前锯肌
背阔肌

肩膀和肘部保持放松。

胸部保持向前，不要扭转。

髋部保持平齐。

腹外斜肌

腹直肌

肩、肘和手腕静态拉伸运动：向后拉伸

起始姿势

- 采用起始姿势 ①。

运动技巧

- 双臂伸直向后伸展，肩部向后发力使双手相互握住，手指相互交叉。
- 深吸气，双手和双臂朝着远离身体的方向向上和向后拉伸，交叉的双手起到带动手臂向上拉的作用。
- 保持拉伸状态，呼吸节奏缓慢且平稳。坚持几秒后，在下一次呼气时放下双臂，松开手指，回到起始位置。
- 重复整个过程 3 次。

注意事项

- 如果肩部存在健康问题，要适当降低双臂抬起的高度，仅保持拉伸状态即可，不需用手拉动手臂，肘部可以适当弯曲。
- 如果肩部感觉到疼痛或活动受限，请使用另一种更加温和的拉伸方式（如图示 ①）。

其他拉伸姿势

更温和的拉伸姿势

如果双手无法互相握住，请尝试采用图示 ① 的拉伸姿势：双手保持平行，无须交叉手指。

健康益处

- 预防或适当纠正胸椎后凸畸形。
- 减轻肩膀的负担并扩展胸腔。
- 使手腕和肘部更加灵活。

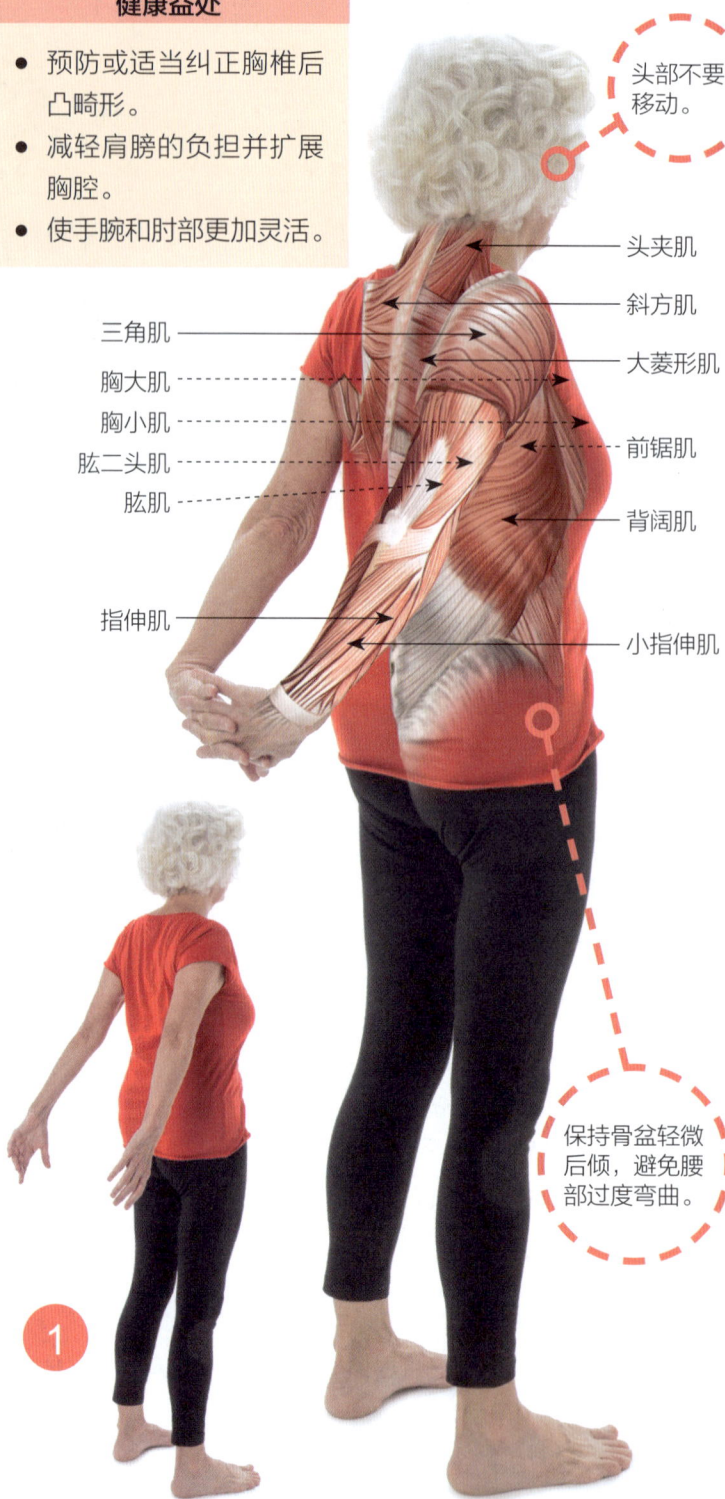

头部不要移动。

头夹肌

斜方肌

三角肌

大菱形肌

胸大肌

胸小肌

前锯肌

肱二头肌

肱肌

背阔肌

指伸肌

小指伸肌

保持骨盆轻微后倾，避免腰部过度弯曲。

①

肘、腕和手指静态拉伸运动：向后拉伸

起始姿势

- 采用起始姿势 ① 或 ②。

运动技巧

- 将双臂伸直向前，直到手掌与肩同高。
- 双手交叉，将手腕向内旋转，掌心向外。双手拉伸手臂以帮助其保持拉伸状态。
- 保持拉伸状态 10 ~ 15 秒。解除拉伸时，缓慢放下手臂并松开手指，回到起始位置。
- 完整练习 3 次。

注意事项

- 如果手指关节感到疼痛，请适当降低手部的拉伸强度，不要超过身体极限。

健康益处

- 缓解手部和手指的压力，减轻手部疲劳感。
- 增强肘部的力量。

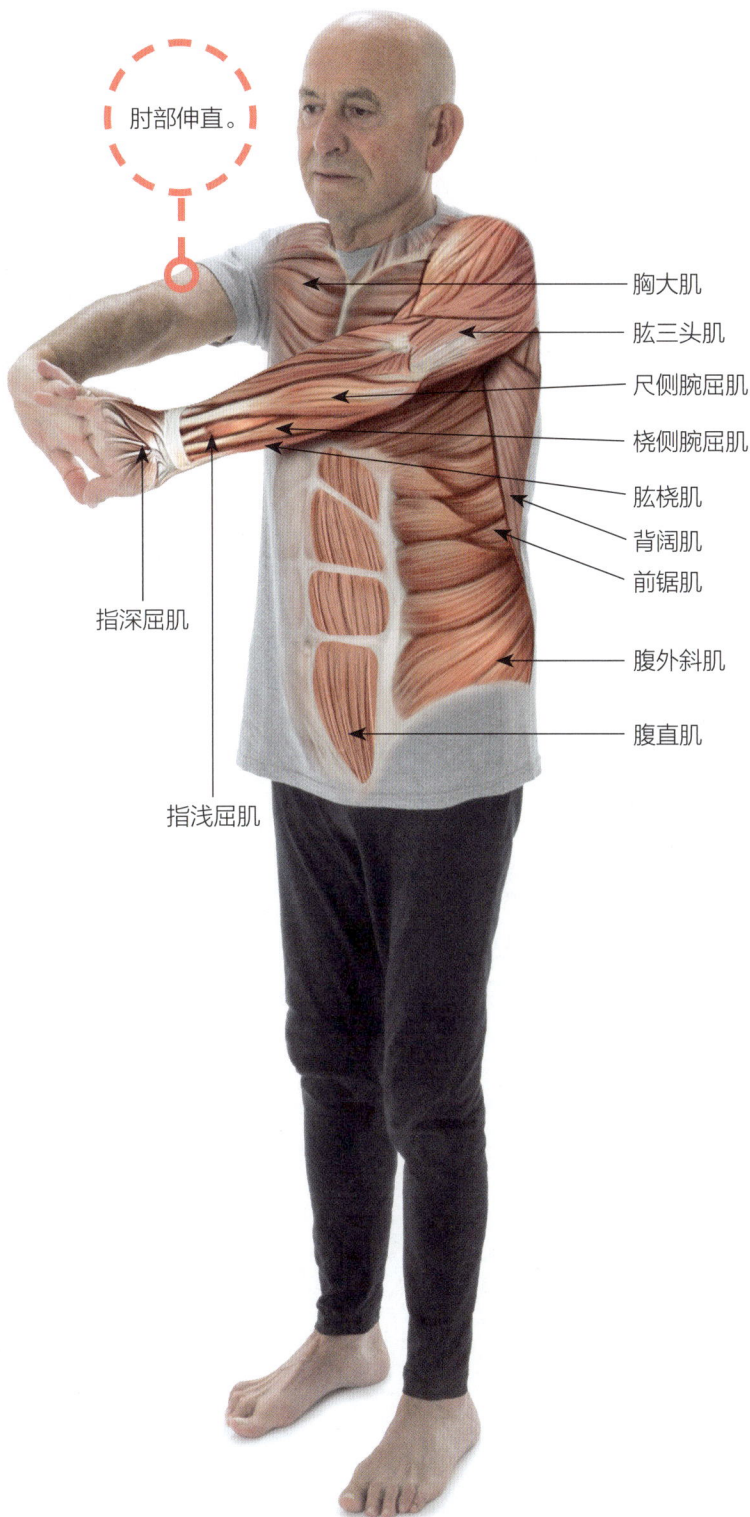

肘部伸直。

胸大肌
肱三头肌
尺侧腕屈肌
桡侧腕屈肌
肱桡肌
背阔肌
前锯肌
腹外斜肌
腹直肌

指深屈肌
指浅屈肌

手腕静态拉伸运动：伸展

起始姿势

- 采用起始姿势❶或❷。

运动技巧

- 弯曲肘部，保持肩部放松。
- 右手掌心向上放在腹部前方，左手扣在右手上，左手垂直向后倾斜，手指并拢。
- 左手手腕缓缓向后伸展的同时，右手向上和向后推动左手，直至左手手腕与前臂形成约 90 度的夹角。
- 保持拉伸状态 10 ～ 15 秒。
- 双手放回起始位置，完整练习 3 次。
- 完成后，换至右手手腕和左手，进行同样强度的拉伸练习。

注意事项

- 如果手腕比较敏感，最好不要完全拉伸手腕，保持一个小于 90 度的夹角即可。

健康益处

- 增强手腕关节的灵活性，锻炼前臂肌肉。
- 缓解手掌和手指的紧张感。

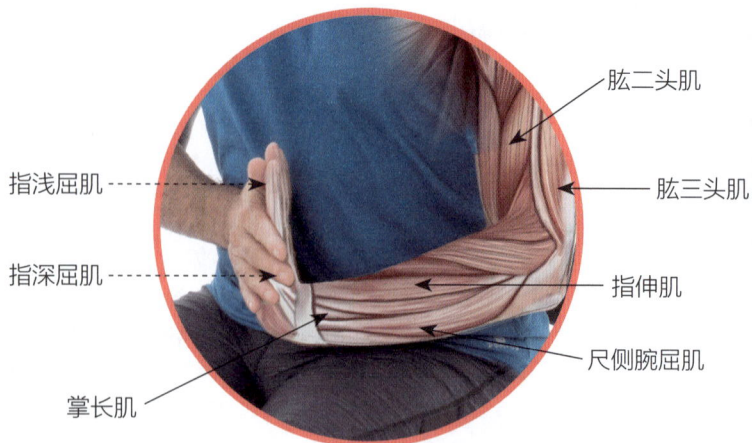

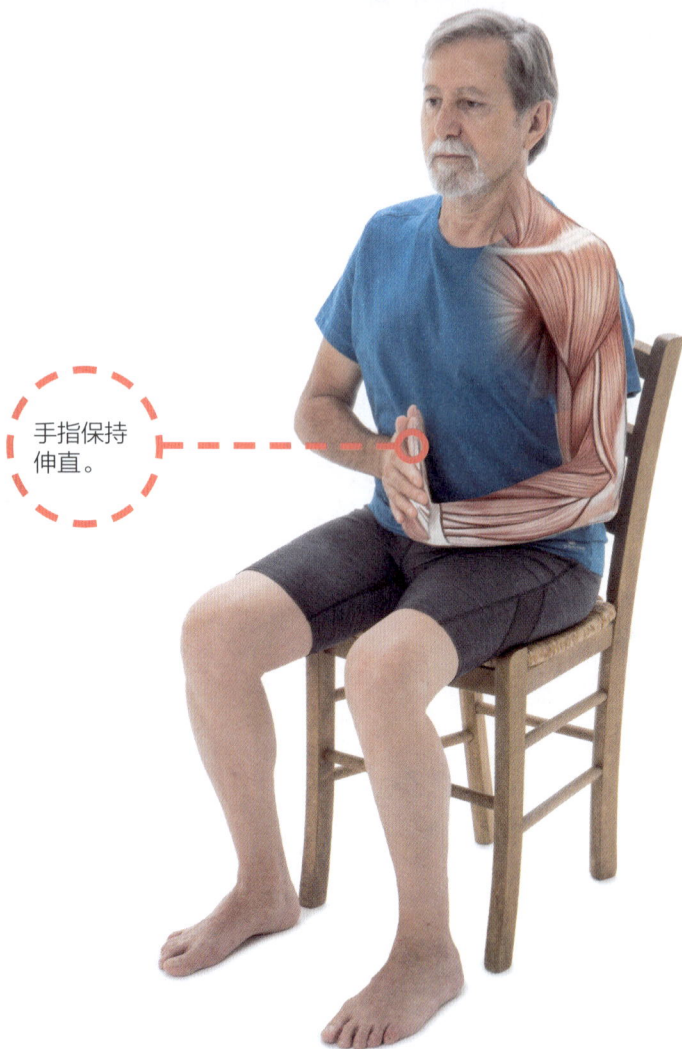

肱二头肌

指浅屈肌

肱三头肌

指深屈肌

指伸肌

尺侧腕屈肌

掌长肌

手指保持伸直。

手腕静态拉伸运动：屈曲

起始姿势

- 采用起始姿势 ① 或 ②。

运动技巧

- 手臂弯曲，肘部和肩膀放松。
- 右手掌心向上放在腹部前方，左手手背贴在右手掌心上，双手轻轻握住，手指并拢。
- 左手握拳，然后弯曲左手手腕。同时，右手托住左拳，轻轻向上推动，直至左手手背出现较为明显的拉伸感。
- 保持拉伸状态 5～10 秒。
- 双手放回起始位置，完整练习 3 次。
- 完成后，换至右手手腕和左手，进行同样强度的拉伸练习。

注意事项

- 如果手腕患有滑膜囊肿，不要进行这个拉伸运动。
- 如果感觉拉伸强度过大，请适当放松身体并减小拉伸幅度。
- 不要过度拉拽手腕，如果练习时觉得不舒服，应适当减少手腕的弯曲程度。

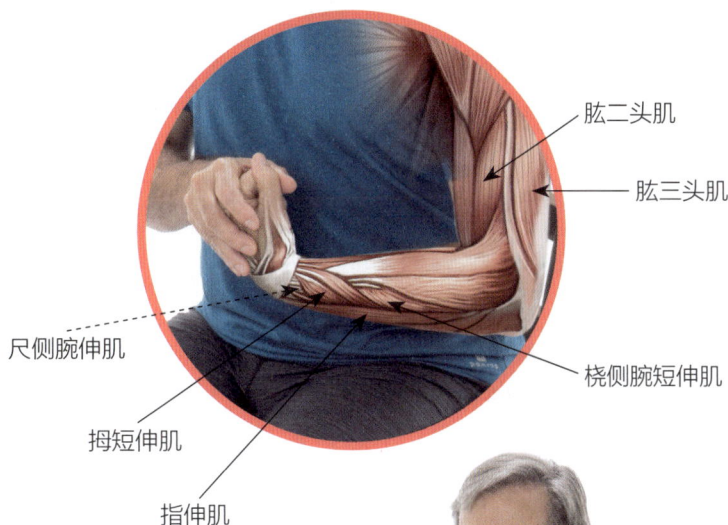

肱二头肌

肱三头肌

尺侧腕伸肌

桡侧腕短伸肌

拇短伸肌

指伸肌

健康益处

- 缓解手背的紧张感，放松手指。
- 增强手腕的力量。

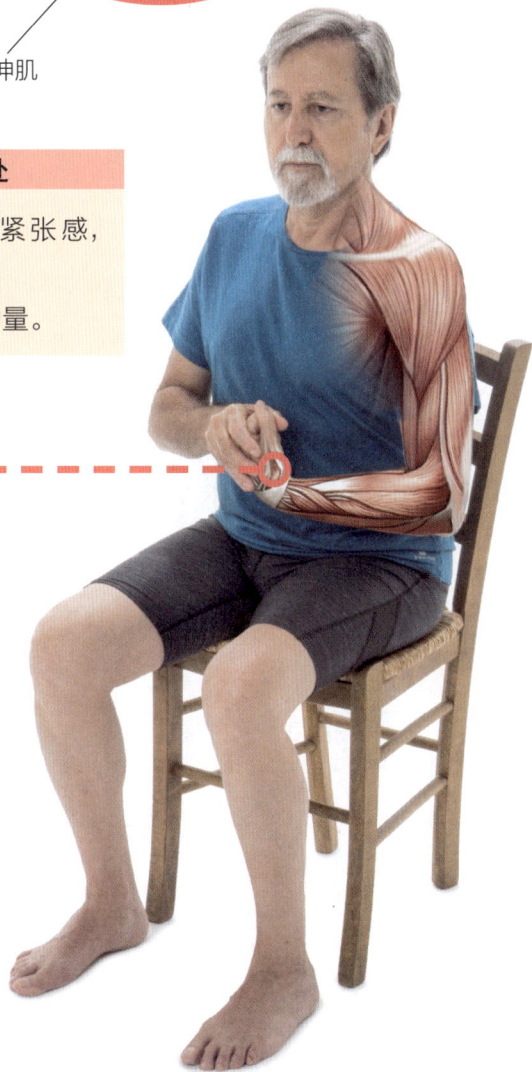

握拳的手保持放松。

手指静态拉伸运动：伸展

起始姿势

- 采用起始姿势 1 或 2 。

运动技巧

- 手臂弯曲，肘部和肩膀放松。
- 左手放在胸前，掌心朝内。右手手掌扣在左手的手指处，双手手指并拢。
- 右手缓缓向后推动左手手指进行拉伸 。
- 保持拉伸状态 10 ～ 15 秒。
- 双手放回起始位置，完整练习 3 次。
- 完成后，换至右手手指，进行同样强度的拉伸练习。

注意事项

- 指关节体积比较小，更为脆弱，因此不要施加太大的力量，拉伸动作要轻柔。

健康益处

- 减缓手指和手掌的紧张感。
- 增强手指和手掌的活动性，防止僵硬。

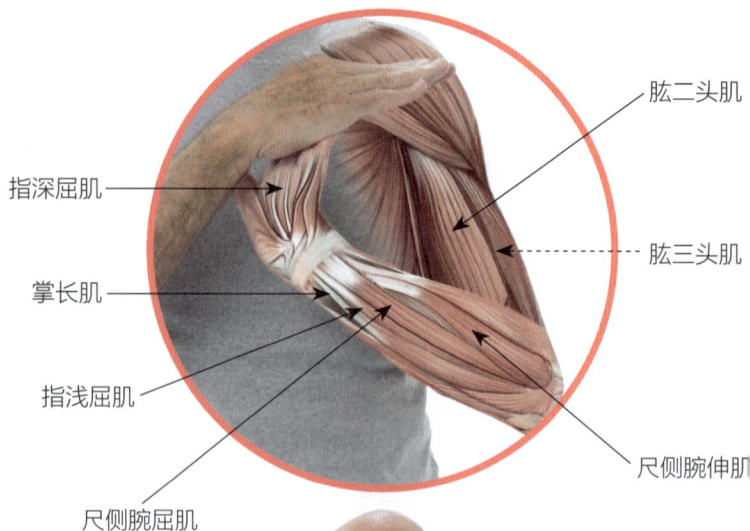

指深屈肌

掌长肌

指浅屈肌

尺侧腕屈肌

肱二头肌

肱三头肌

尺侧腕伸肌

肘部保持放松。

手指静态拉伸运动：屈曲

起始姿势

- 采用起始姿势 ❶ 或 ❷。

运动技巧

- 手臂弯曲，肘部和肩膀放松。
- 左手放在腹部前方，掌心向内，右手手掌贴在左手手背上，双手手指并拢。
- 左手手指的第一关节开始缓慢地向内弯曲，同时右手适当向左手施加一些推力来辅助左手手指的移动。在向内弯曲时，每根手指的第二关节和第三关节应保持伸直状态，拇指应该放在食指的上方。
- 在拉伸过程中，手腕不要弯曲，始终与前臂保持在同一直线上。
- 保持拉伸状态 10 ～ 15 秒。
- 双手放回起始位置，完整练习 3 次。
- 完成后，换至右手手腕和左手，进行同样强度的拉伸练习。

注意事项

- 不要对手指施加太重的力量，轻轻按压即可。如果手指关节感到疼痛，可以在拉伸过程中不施加额外力量，仅保持双手手指接触即可。

健康益处

- 放松指关节，缓解手指的紧张感。

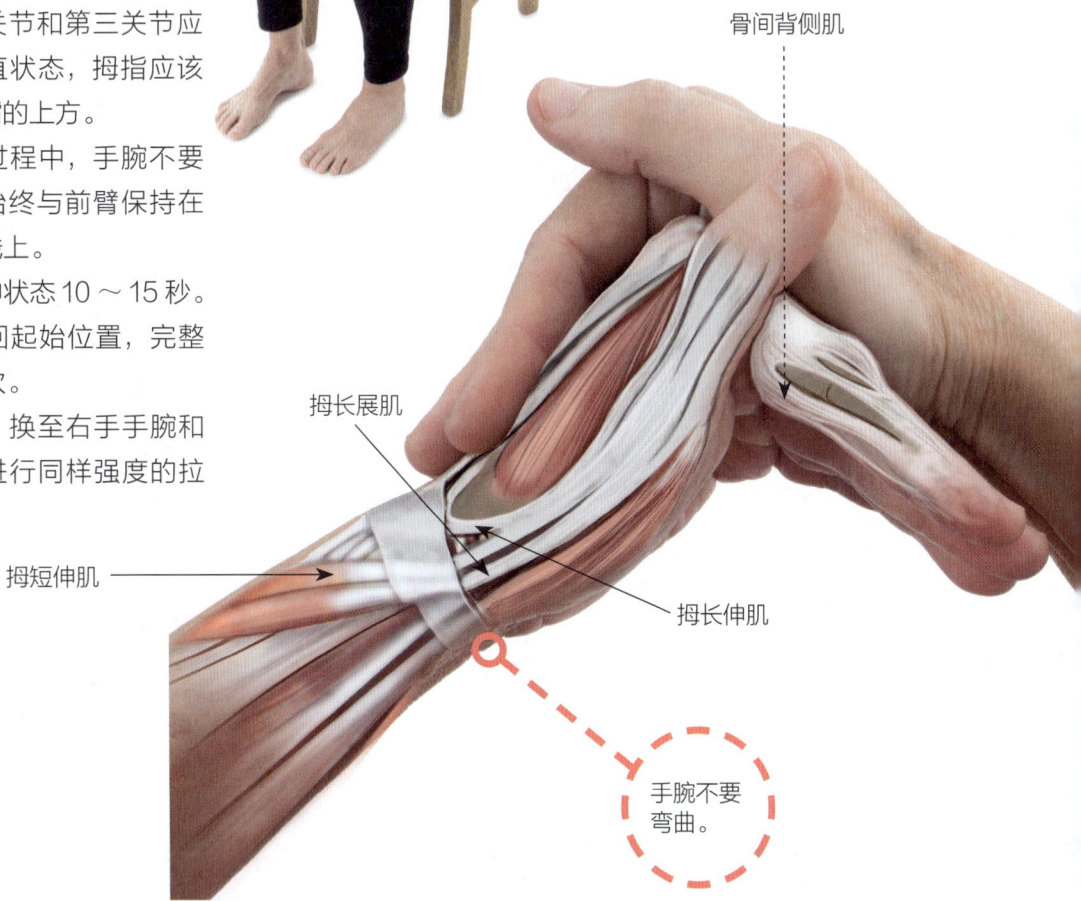

骨间背侧肌

拇长展肌

拇短伸肌

拇长伸肌

手腕不要弯曲。

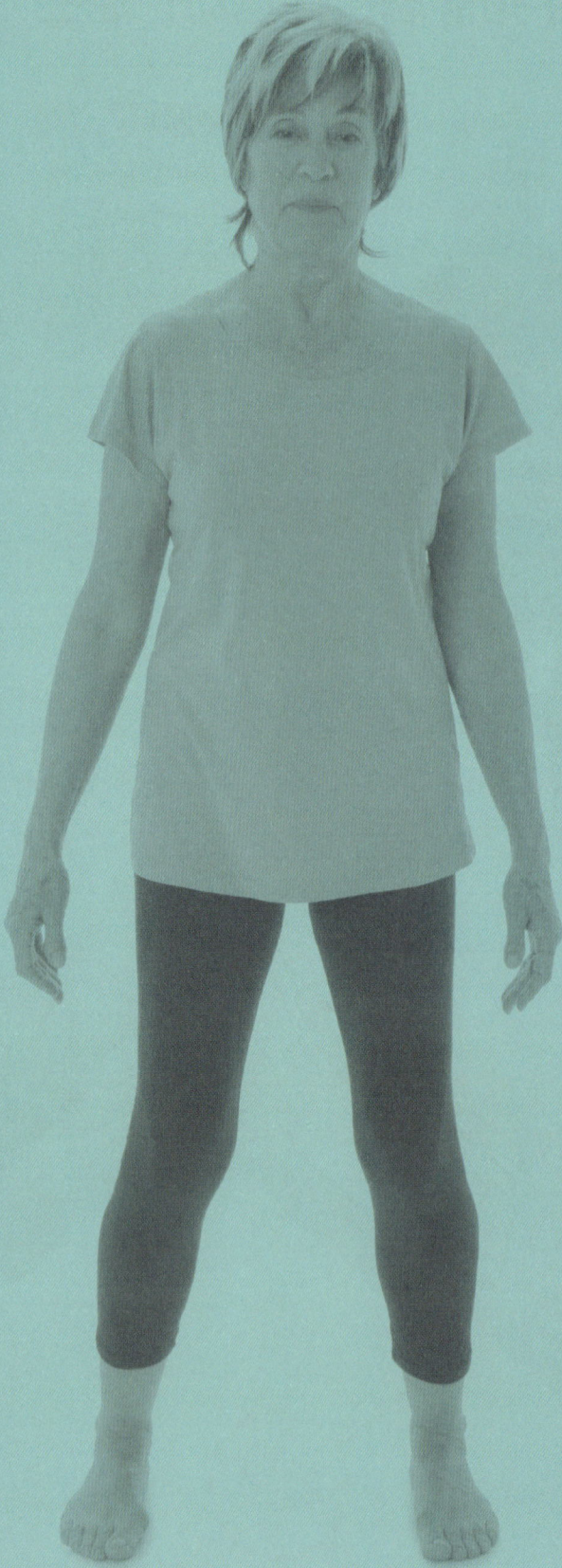

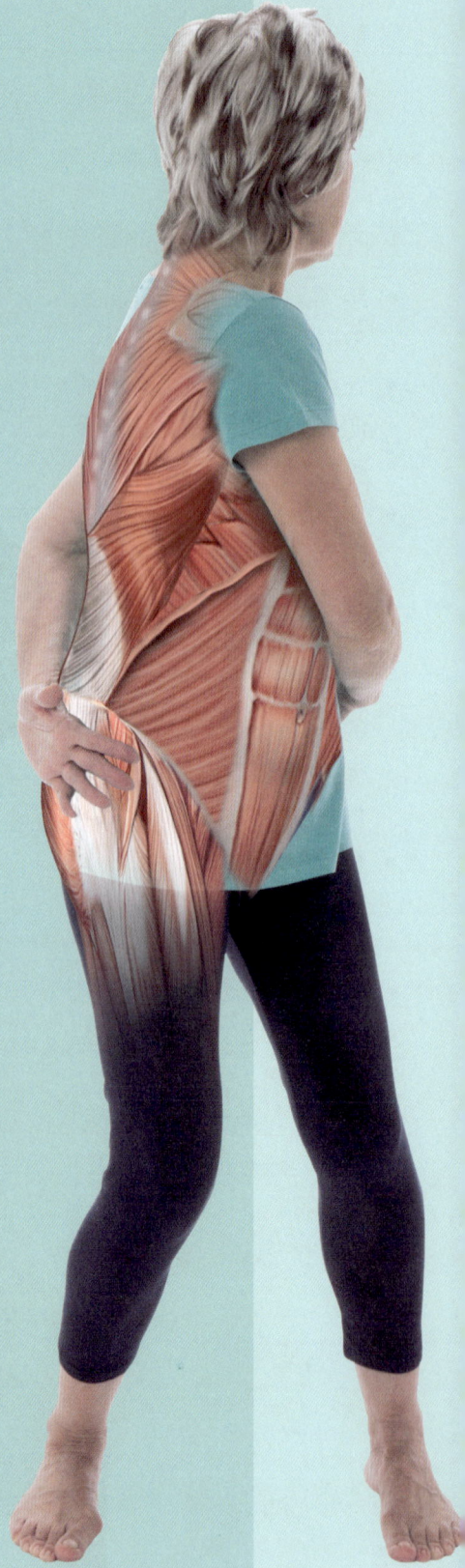

躯干拉伸运动

从人体解剖学角度来看，躯干是身体的核心部位，因为它支撑着头部和四肢。躯干包含很多器官和组织，它们都承担着重要的身体功能。

胸腔和腹部

胸腔和腹部内含有重要且脆弱的器官，因此胸腔和腹部不仅支撑身体，同时也起到保护身体的作用。

脊柱

脊柱作为基础但重要的轴心，支撑着人的身体，使人体保持直立状态。脊柱是灵活可移动的，在其帮助下，躯干可以在3种解剖平面：矢状面、冠状面和水平面上运动。

骨盆

骨盆是人体的基本身体结构之一，它承托着躯干。脊柱的运动与骨盆有关，骨盆的位置决定了身体的姿势。

本章所介绍的拉伸运动有助于改善不良姿势，使身体更加稳健。练习这些拉伸运动可以让脊柱更灵活，减缓肌肉的僵硬和疼痛，为躯干的内部器官提供按摩和保护。

躯干动态拉伸运动：屈曲和伸展（跪姿）

起始姿势

- 在地板上铺好垫子、毯子或隔热垫，以跪姿俯卧在地面上。
- 双膝分开，距离与髋部同宽。
- 脚趾靠在地面上。
- 双手掌心贴在地面上，手指朝前，双手距离与肩同宽。
- 颈椎与胸椎呈一条直线。
- 下颌放松。

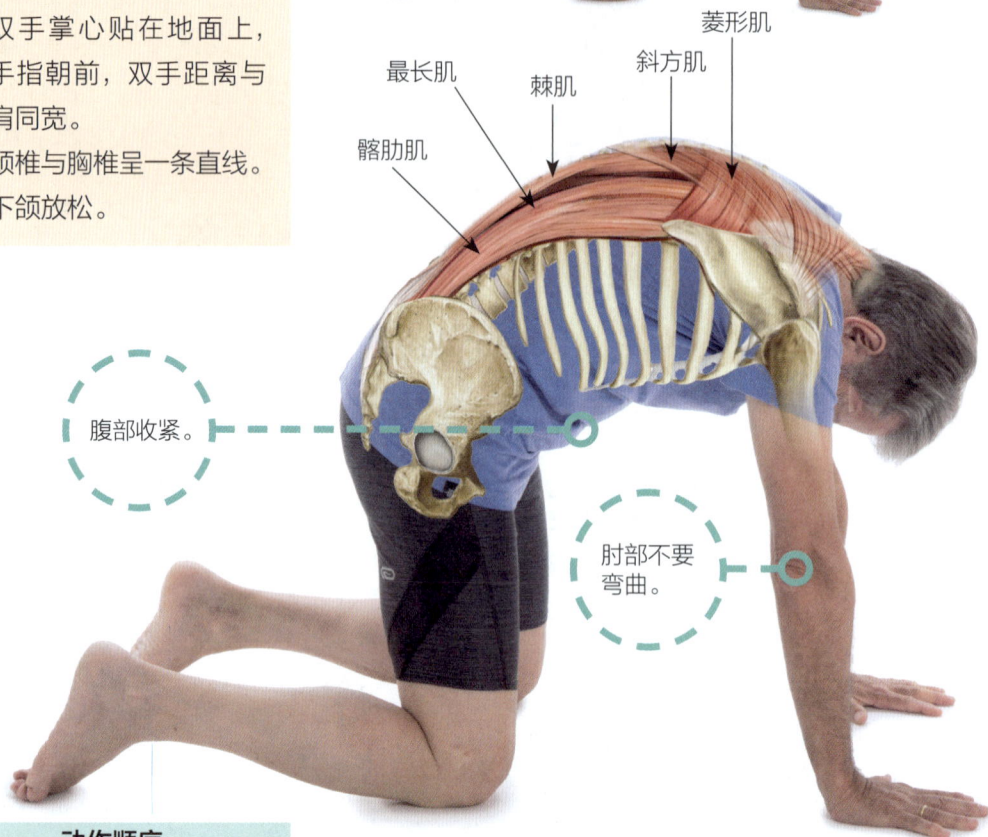

菱形肌

斜方肌

最长肌

棘肌

髂肋肌

腹部收紧。

肘部不要弯曲。

动作顺序

① ② ③

运动技巧

- 深吸气，然后呼气，在呼气的同时背部向上弯曲，低头，下巴朝胸部靠近。
- 腹部收紧，骨盆微微后倾。
- 完成上述动作后，吸气，骨盆开始前倾，背部开始进行拉伸，头向上微微抬起，但下巴不要抬起过高。
- 需要注意的是，在拉伸过程中，手臂不要弯曲，躯干也不要前后移动。
- 完成上述动作后，呼气，再次开始背部向上弯曲，重复练习6～10次。

注意事项

- 如果手腕受伤，最好在椅子上进行拉伸。
- 如果双脚发麻或抽筋，可以将脚掌贴在地面上来缓解。

头轻微向上抬，颈部轻微向后伸。

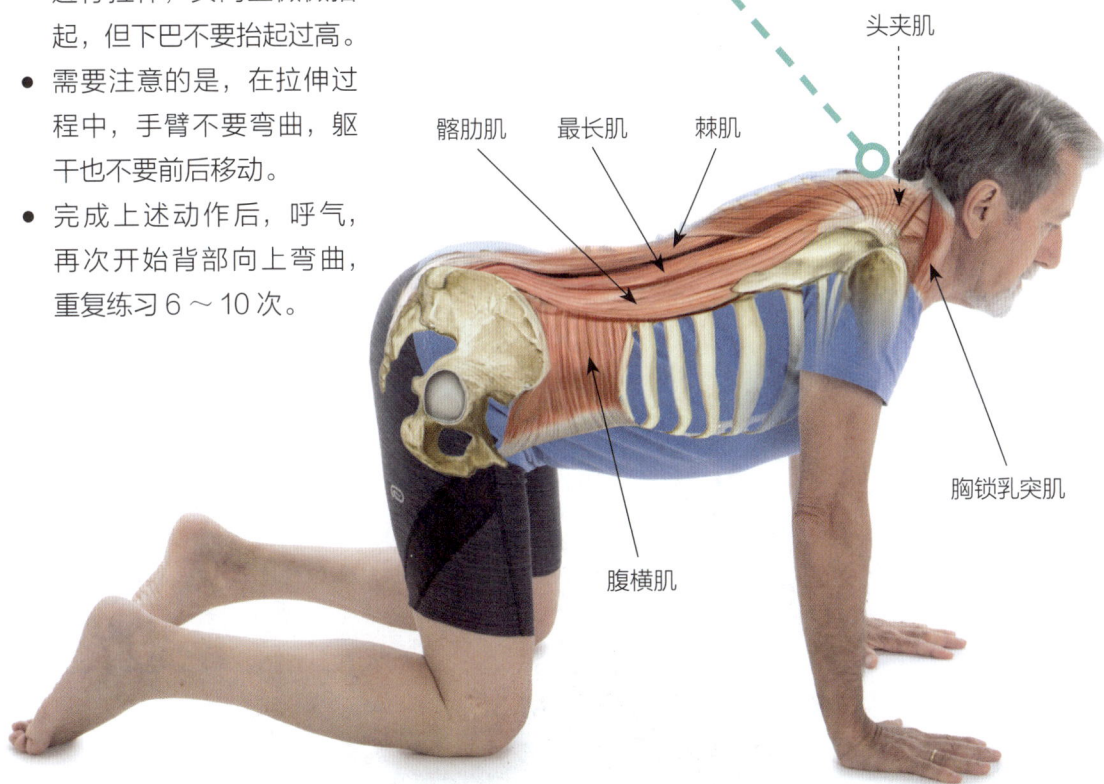

头夹肌

髂肋肌   最长肌   棘肌

胸锁乳突肌

腹横肌

④   ⑤

健康益处

- 缓解背部和颈部的不适和疼痛。
- 增强脊柱和骨盆的灵活性。
- 加强手腕的力量。
- 改善和调节消化功能。

躯干动态拉伸运动：屈曲和伸展（坐姿）

起始姿势

- 坐在椅子边缘，背部挺直，骨盆稍微后倾，寻找坐骨支撑。
- 头部伸直，与躯干平齐，下颌略微内收。
- 双脚朝前，双腿平行且与髋部同宽。
- 双手放在大腿上。
- 下颌放松。

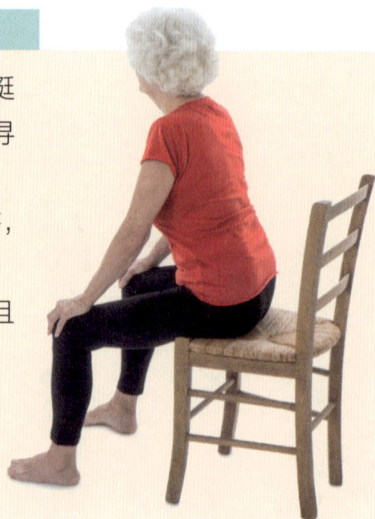

运动技巧

- 将手放在膝盖上，手指向下，手肘弯曲。
- 深吸气，然后呼气，在呼气的同时弯曲背部，低头，下巴朝胸部靠近。
- 腹部收紧，背部向上弯曲，骨盆微微后倾。
- 完成上述动作后，吸气，骨盆开始前倾，背部向下压，头向上抬起，但下巴不要抬起过高。
- 完成上述动作后，调整呼吸，再次开始弯曲背部，重复练习 6 ～ 10 次。

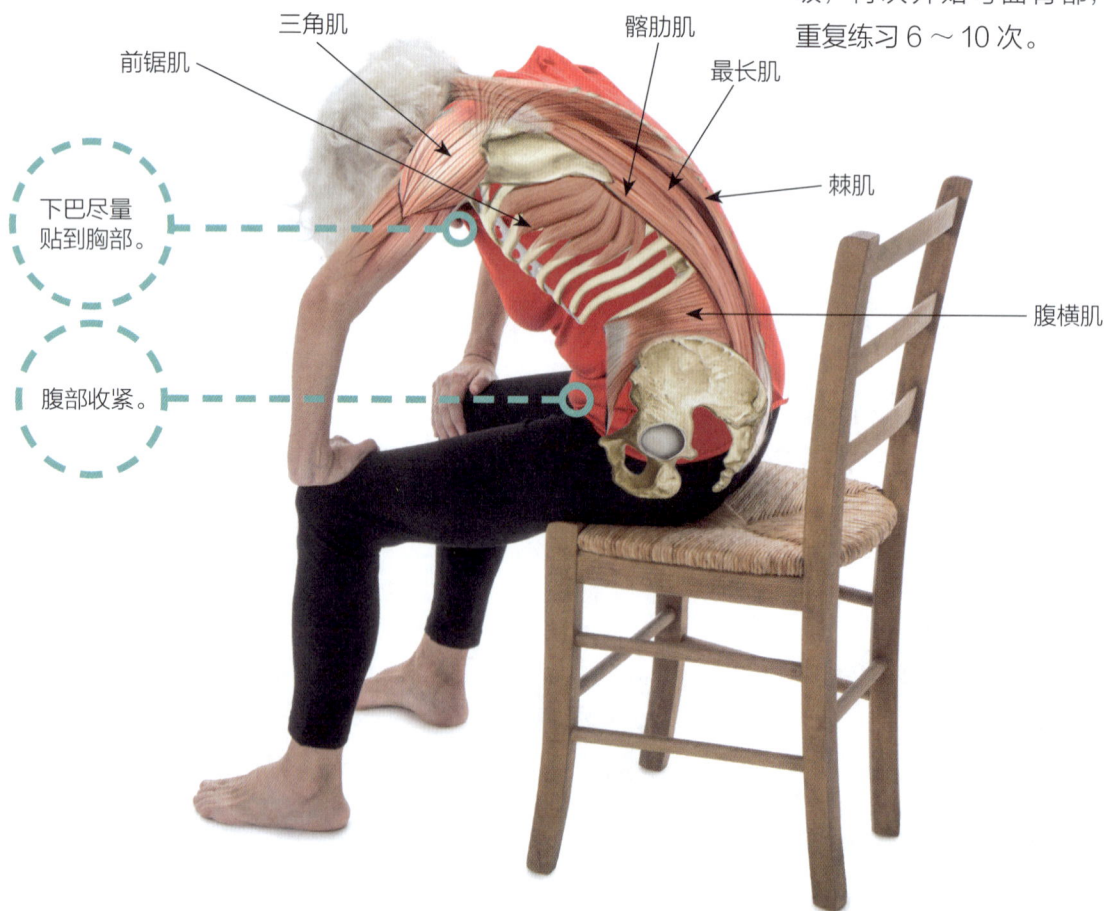

三角肌

前锯肌

髂肋肌

最长肌

棘肌

下巴尽量贴到胸部。

腹横肌

腹部收紧。

动作顺序

健康益处

- 减缓背部和颈部的不适和疼痛。
- 使脊柱和骨盆更灵活。
- 改善和调节消化功能。

头部稍微向上抬起。

棘肌

最长肌

髂肋肌

腰方肌

腹横肌

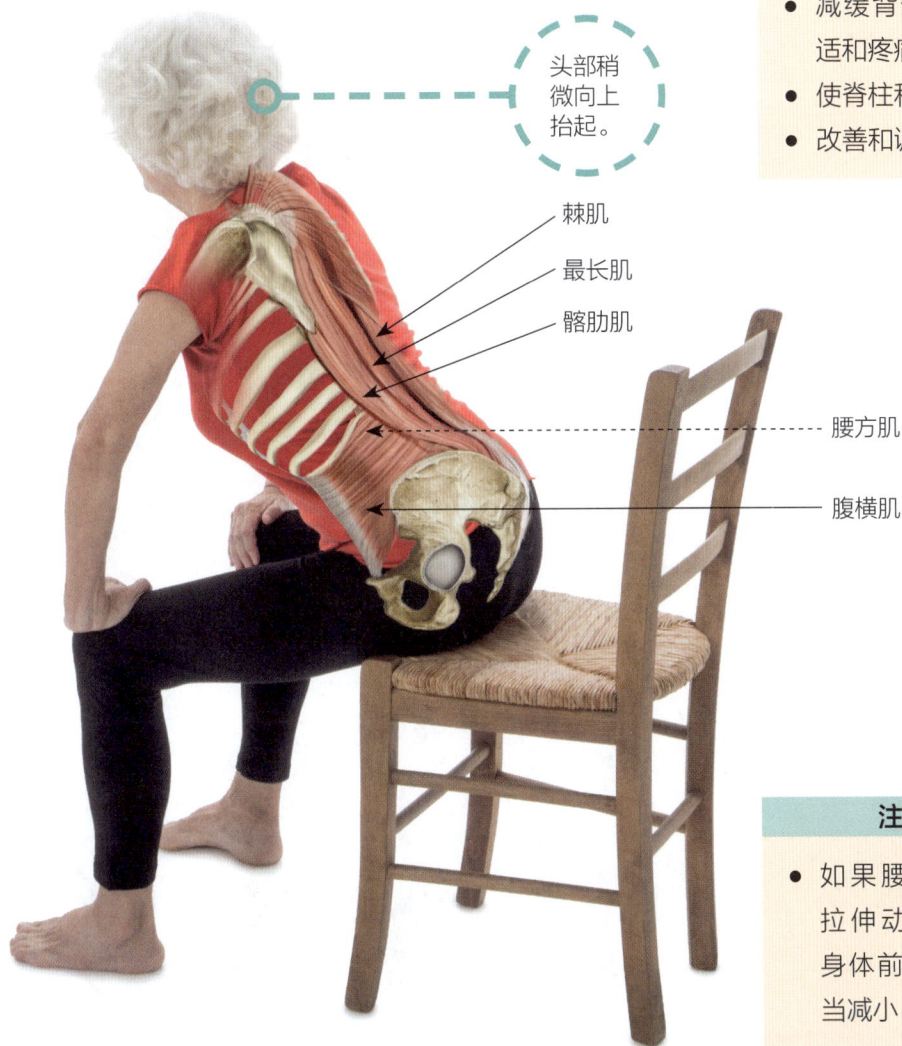

注意事项

- 如果腰部感到不适，拉伸动作需要轻柔，身体前倾的幅度要适当减小。

躯干动态拉伸运动：旋转

起始姿势

- 采用起始姿势①。

运动技巧

- 身体上半身向左后方扭转，身体扭转的角度要尽量大一些。同时，双臂放松且稍稍弯曲，左臂贴在背后，左肩向内旋；右臂向内收拢，右手伸至腰的左侧。
- 保持拉伸状态几秒后，将身体调整回到起始位置。随后，身体上半身开始向右后方扭转，反方向完成相同的动作。
- 拉伸过程中，双脚与髋关节一直保持不动且朝向前方。
- 重复练习6～10次。

健康益处

- 减轻背部张力，缓解腰部不适。
- 增强肩部的灵活性，并扩张胸腔。

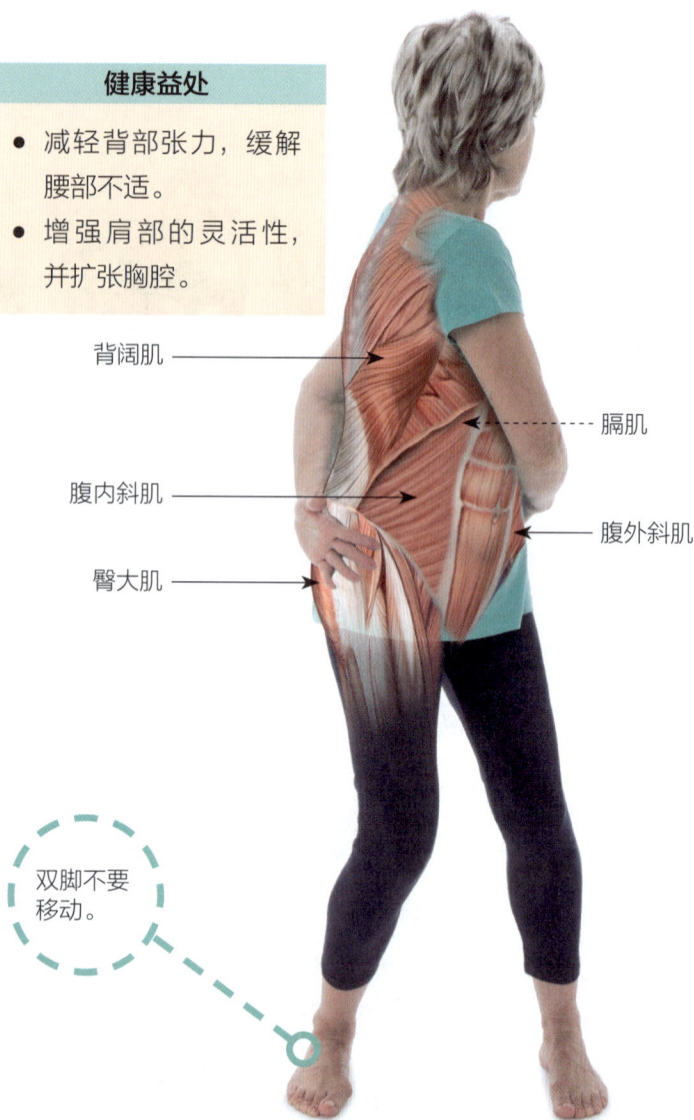

背阔肌

膈肌

腹内斜肌

腹外斜肌

臀大肌

双脚不要移动。

注意事项

- 如果肩膀感到不适，在向后旋转身体时要格外小心手臂的动作，要缓慢地进行练习。

动作顺序

① ② ③ ④

躯干动态拉伸运动：侧屈

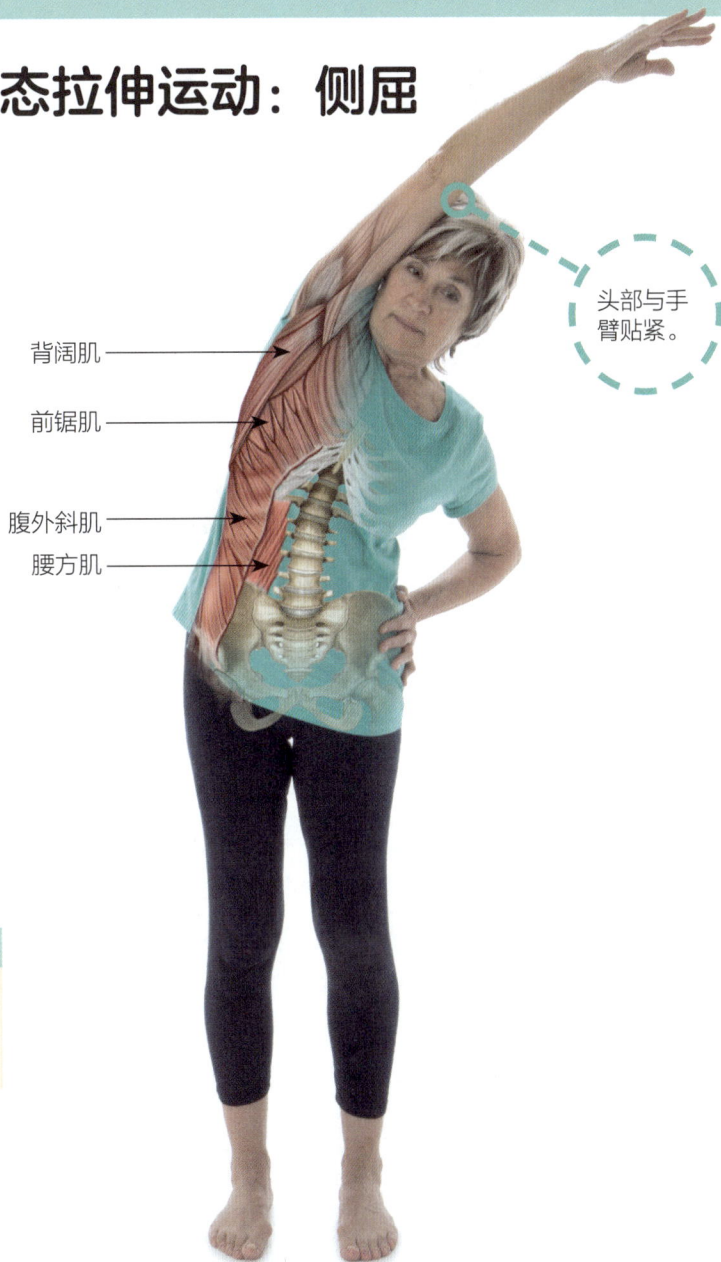

起始姿势

- 采用起始姿势 ①。

运动技巧

- 左手手掌放在髋部左侧，掌心向内。右臂伸直并向上举起，贴近头部右侧。
- 吸气，同时身体向左侧倾斜，双眼前方，身体在倾斜时不要前后移动。
- 保持拉伸状态几秒后，呼气，同时身体回到起始位置。随后，反方向完成相同的动作。
- 重复练习 6 ～ 10 次。

注意事项

- 头部要和向上伸出的手臂贴住以保护颈椎。

背阔肌

前锯肌

腹外斜肌

腰方肌

头部与手臂贴紧。

健康益处

- 放松侧腰部，释放压力。
- 扩张胸腔，增加肺活量。
- 缓解背部不适。

动作顺序

① ② ③ ④

躯干静态拉伸运动：前屈（在椅子上）

起始姿势

- 坐在椅子的边缘，保持背部挺直，骨盆稍微后倾，寻找坐骨的支撑。
- 头部挺直，与躯干平齐，下巴略微内收。
- 双腿分开，双脚朝前，保持平行且与髋部同宽。
- 双手放在大腿上。
- 嘴唇微张，下颌放松。

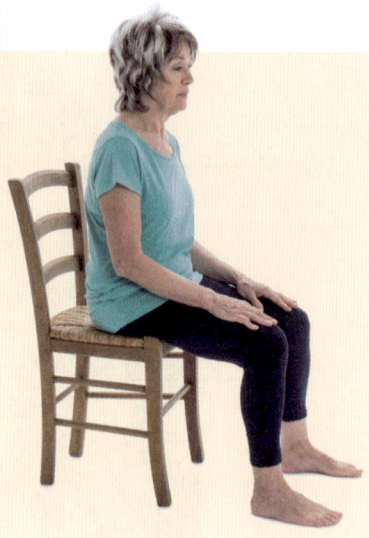

运动技巧

- 缓慢地深吸气。
- 呼气，同时慢慢向前和向下弯曲身体。腰部和腹部先进行弯曲，头部和背部逐渐形成一条水平线，手臂在身体的带动下自然垂向地面。
- 身体继续弯曲，当腹部和胸部触碰到大腿时，整个身体（包括头部）都放松下来，双手可以放在地上、脚面上或者脚踝处。
- 保持拉伸状态，拉伸几秒至半分钟，呼吸节奏缓慢且平稳。需要注意的是，在保持拉伸状态时，身体一定要处于舒适放松的状态。
- 缓缓吸气，慢慢抬起身体，回到起始位置。
- 重复练习 3 次。

健康益处

- 缓解背部疼痛和不适，增强背部肌肉的柔韧性。
- 对腹部进行轻柔按摩，有助于改善和调节消化功能。

注意事项

- 躯干进行拉伸时要格外小心，如果姿势不正确，可能会给背部下方带来过多的压力，最终效果会适得其反。

其他拉伸姿势

1. 弯曲幅度减小

如果腹部脂肪堆积过多，或者有头晕等症状，在进行拉伸时要适当减小动作幅度，只进行小幅度的弯曲；同时双手放在膝盖上，头与背部形成一条直线。

2. 双腿张开，超过髋部的宽度

如果腰部感到不适，可以将双腿张开，以大于髋部的宽度进行拉伸，这样可以减轻背部压力，使身体更加放松。

3. 头与背部一直保持一条水平线

如果有高血压、青光眼或眩晕症，在低头时要格外小心，不要让头部完全下垂，要始终和背部保持平齐。

脊柱相关肌群：

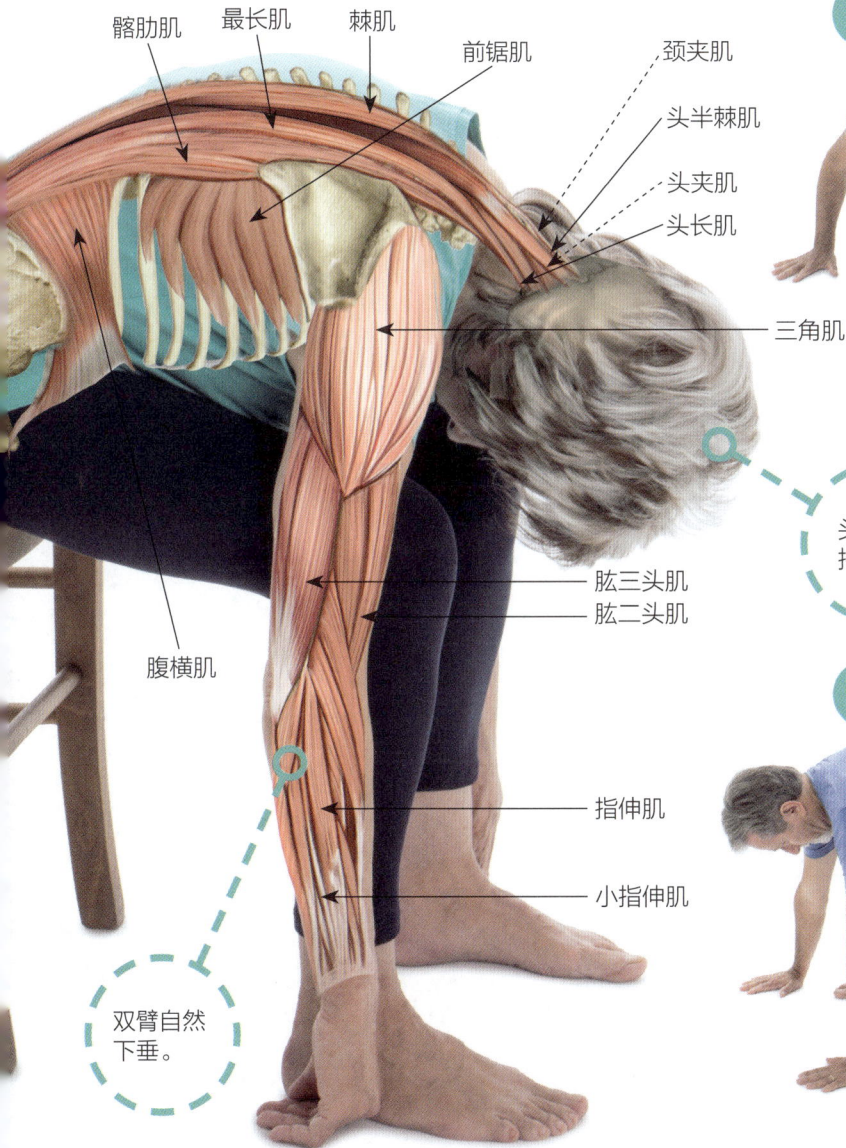

髂肋肌　　最长肌　　棘肌

前锯肌

颈夹肌

头半棘肌

头夹肌

头长肌

三角肌

头部保持放松。

肱三头肌

肱二头肌

腹横肌

指伸肌

小指伸肌

双臂自然下垂。

躯干静态拉伸运动：前屈（在垫子上）

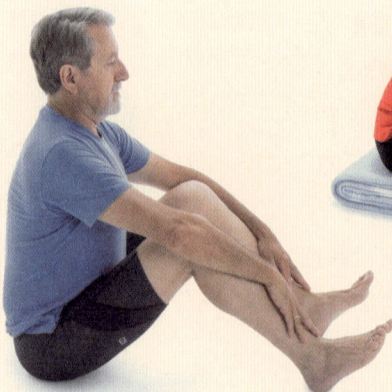

起始姿势

- 坐在垫子、毯子或隔热垫上，双腿弯曲并分开。双脚脚跟与髋部形成一条直线，脚尖朝上，脚跟靠在地面上。
- 背部挺直并略微向前倾斜，身体重心落在坐骨上。
- 嘴唇微张，下颌放松。

- 使用坐垫有助于保持正确的坐姿。

运动技巧

- 吸气，双臂向上抬起。随后呼气时，双臂和躯干开始慢慢向下、向前移动，直至双手触碰到脚尖。如果无法碰到脚尖，也可以将手放在脚踝处或腿上。
- 腹部和背部下方应该是首先向下进行移动的部位。在进行拉伸时，要保持头部和背部形成一条直线，不要把头向前倾斜。
- 在头部和背部形成一条直线后，检查自己的身体姿势。如果头部略低，将膝盖稍稍弯曲；如果头部略高，将双腿稍稍伸直。
- 保持拉伸状态，拉伸几秒至半分钟，呼吸节奏缓慢且平稳。需要注意的是，在保持拉伸状态时，身体一定要处于舒适放松的状态。
- 拉伸完成后，缓慢向上移动身体并吸气，手沿着腿滑动，回到起始位置后呼气。
- 重复练习 3 次。

健康益处

- 增加背部的灵活性，缓解背部的疼痛和不适。
- 轻柔按摩腹部，有助于改善和调节消化功能。
- 减轻腿部的紧张感，增加其灵活性。

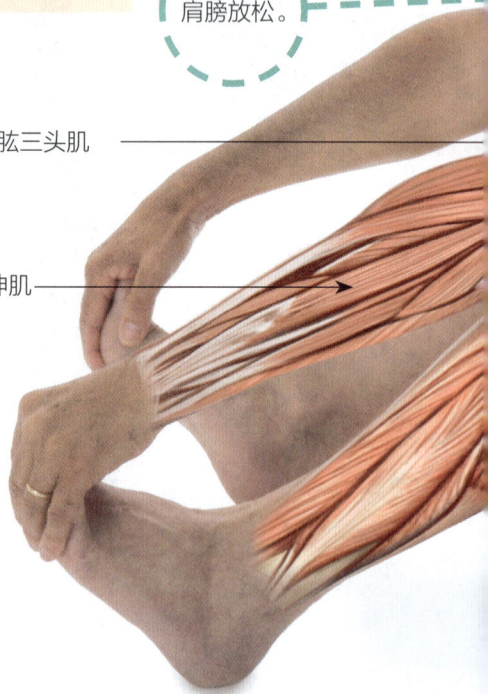

下巴稍微内收。

肩膀放松。

肱三头肌

指伸肌

其他拉伸姿势

1. 背靠在墙上

如果需要有支撑物才能完成这个拉伸动作的话，可以将背靠在墙上，这样既可以提供支撑，也能保护腰部。

2. 双腿张开，超过髋部的宽度

如果腰部感到不适，可以将双腿张开，以大于髋部的宽度进行拉伸，这样可以减轻背部压力，使身体更加放松，更容易弯曲背部。在整个拉伸过程中，尽量保持背部的挺直，不要把头垂下去。

3. 手放在腿上

如果手无法碰到双脚，可以将手放在大腿或者膝盖上。

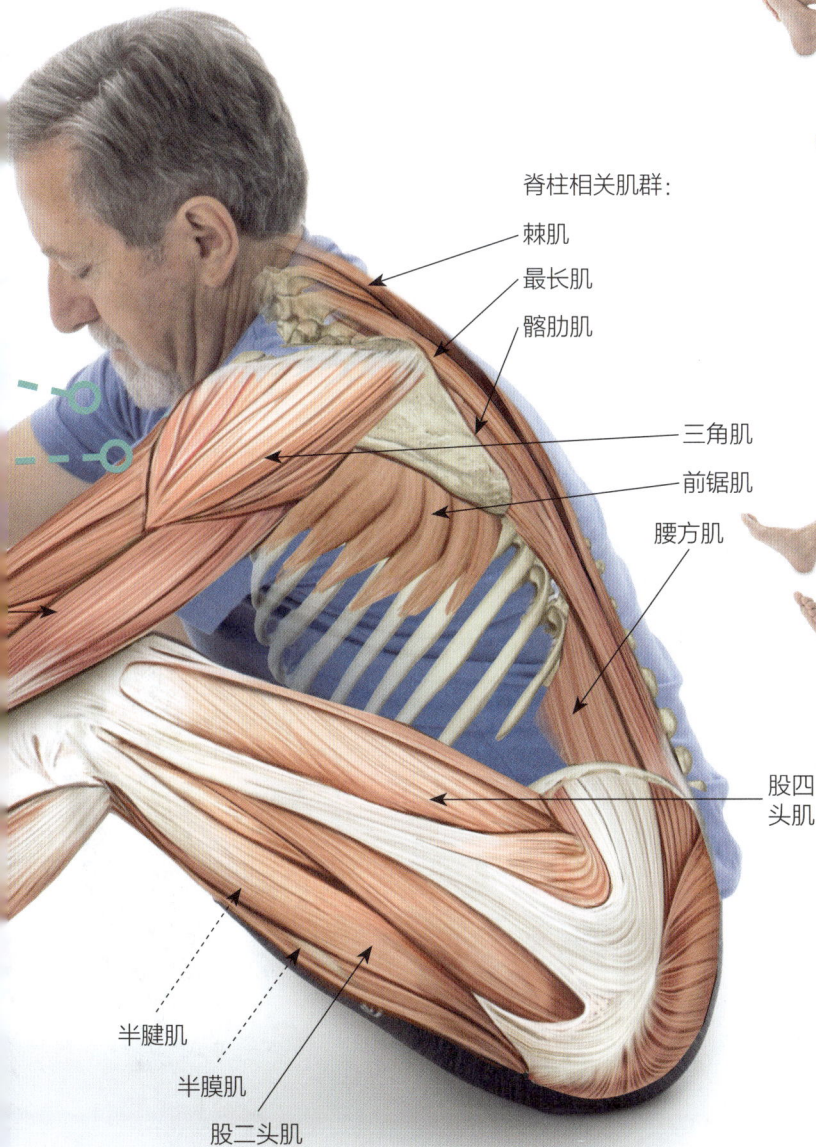

脊柱相关肌群：

棘肌

最长肌

髂肋肌

三角肌

前锯肌

腰方肌

股四头肌

半腱肌

半膜肌

股二头肌

注意事项

● 只有身体条件允许，才能在进行这个拉伸动作的同时慢慢伸直双腿。切记，在练习时要保持背部挺直，头部与背部平齐。

躯干静态拉伸运动：背部伸展（俯身）

起始姿势

- 站在椅子后面，身体挺直，目视前方。双手与肩同宽，放在椅背上。双脚分开与髋同宽，脚尖朝前。

其他拉伸姿势

更温和的拉伸姿势

如果肩部或背部不适，可以采用图示 1 中的姿势拉伸，这样身体几乎可以不向下运动。

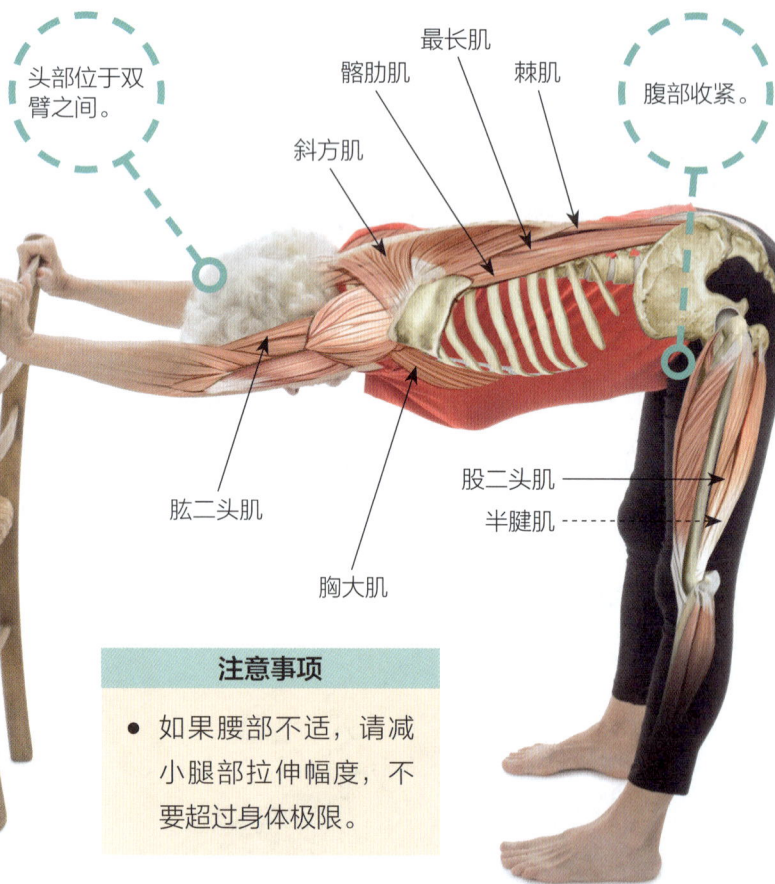

运动技巧

- 先吸气，然后再呼气，呼气的同时双脚向后走，身体向下展开以拉伸背部和双臂，直至身体与双腿约成 90 度角。在此过程中，骨盆微微后倾。
- 保持拉伸状态 15 ～ 20 秒。
- 吸气，同时抬起身体，回到起始位置。
- 重复练习 3 次。

1

头部位于双臂之间。

最长肌

髂肋肌

棘肌

腹部收紧。

斜方肌

肱二头肌

胸大肌

股二头肌

半腱肌

注意事项

- 如果腰部不适，请减小腿部拉伸幅度，不要超过身体极限。

躯干静态拉伸运动：背部伸展（站立）

起始姿势

- 站在一堵墙前，双脚分开朝前，距离与髋部同宽。弯曲手肘，抬起手臂，上臂与肩膀同高，双臂距离与肩同宽。将前臂和手掌贴在墙面上。

运动技巧

- 深吸气，同时双手沿着墙面向上移动，手臂伸直，胸部贴近墙面。
- 保持拉伸状态 10 ~ 15 秒，呼吸节奏缓慢且平稳。
- 缓缓放下手臂，回到起始位置。
- 重复练习 3 次。

健康益处

- 预防和纠正脊柱后凸，减轻背部和胸部区域的疼痛和不适。
- 扩张胸腔。
- 使肩部更加灵活。

注意事项

- 如果肩部不适，请减小手臂拉伸幅度，不要超过身体极限。

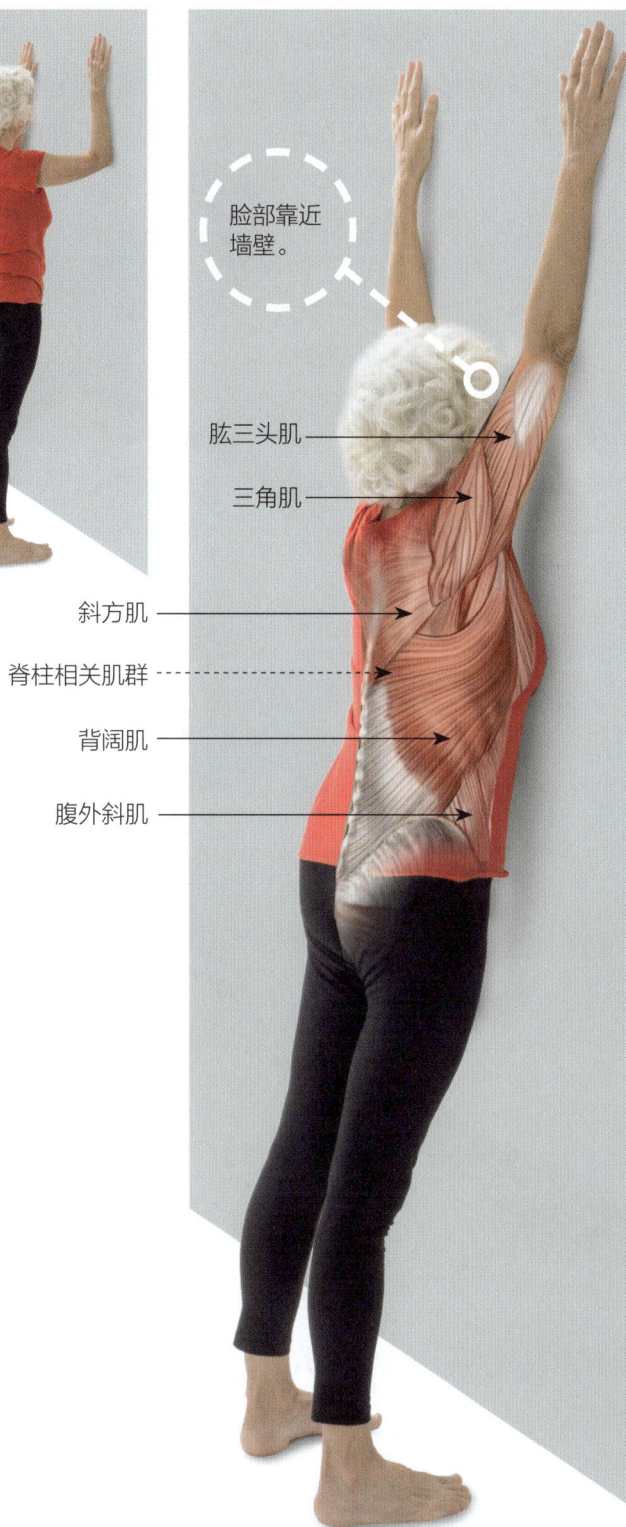

脸部靠近墙壁。

肱三头肌

三角肌

斜方肌

脊柱相关肌群

背阔肌

腹外斜肌

躯干静态拉伸运动：旋转（仰卧）

起始姿势

- 在垫子、毯子或者隔热垫上仰卧身体，双腿并拢，弯曲膝盖，双脚朝前。
- 双臂呈"十字"状张开，与身体成90度角，手掌朝下，与肩同高。
- 头部在身体中轴线上，下巴稍向内收，嘴唇微张，下颌放松。

运动技巧

- 先吸气，然后呼气，同时双腿向胸部靠拢。随后，双腿缓缓朝右倒向地面，同时背部轻轻扭转，头部则向左转。
- 双手紧紧贴在地上。
- 尽可能将双腿靠近手臂，找到身体能够保持舒适的最大扭转角度，然后保持拉伸状态20～30秒，呼吸节奏缓慢且平稳。
- 完成后，轻轻活动双腿，身体回到起始位置。随后，双腿开始缓缓朝左倒向地面，反方向完成相同的动作。
- 重复练习3次。

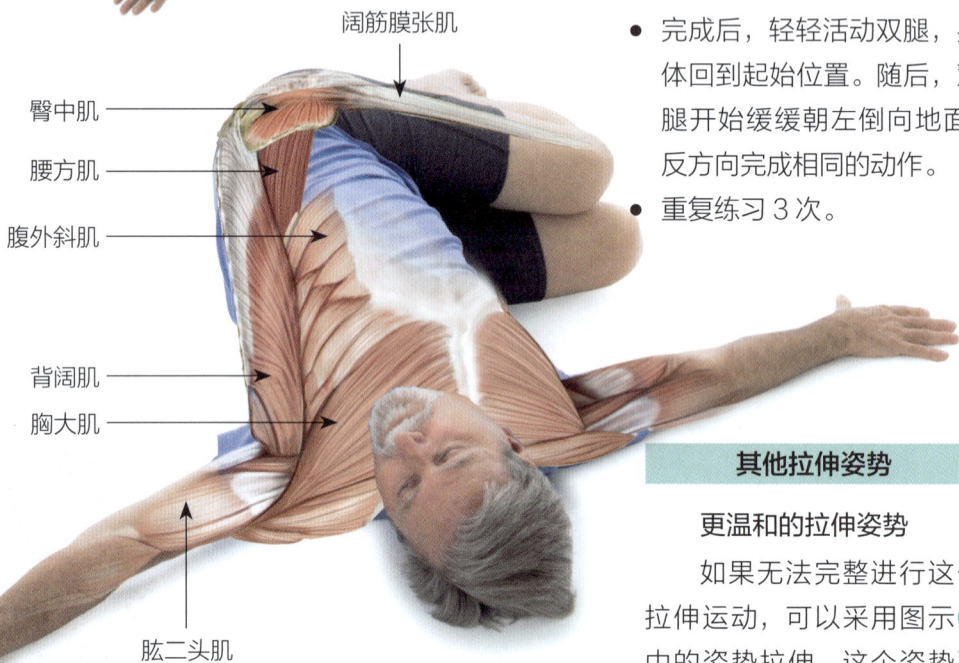

阔筋膜张肌

臀中肌

腰方肌

腹外斜肌

背阔肌

胸大肌

肱二头肌

双手与肩在同一条直线上。

其他拉伸姿势

更温和的拉伸姿势

如果无法完整进行这个拉伸运动，可以采用图示 **1** 中的姿势拉伸，这个姿势更加温和，双臂无须十字展开，双腿也无须完全收紧。

注意事项

- 如果肩部出现不适，可以将双手放在同一侧。

1

躯干静态拉伸运动：旋转（坐姿）

起始姿势

- 采用起始姿势 ②。

运动技巧

- 先吸气，然后呼气，同时身体向右旋转。手臂随着身体转动，左手放在椅座上，右手放在椅背上，头向右转。
- 保持拉伸状态 15 ～ 20 秒，呼吸节奏缓慢且平稳。
- 回到起始位置后，身体向左旋转，反方向完成相同的动作。
- 重复练习 3 次。

健康益处

练习上述两种躯干旋转运动可以带来的好处如下。

- 缓解腰部不适。
- 纠正腰椎间盘突出。
- 改善和调节消化功能。
- 扩张胸腔。

注意事项

- 如果颈椎存在健康问题，不要过度转动头部。
- 如果膝盖存在健康问题，在旋转时，双脚跟随移动到身体旋转的方向。

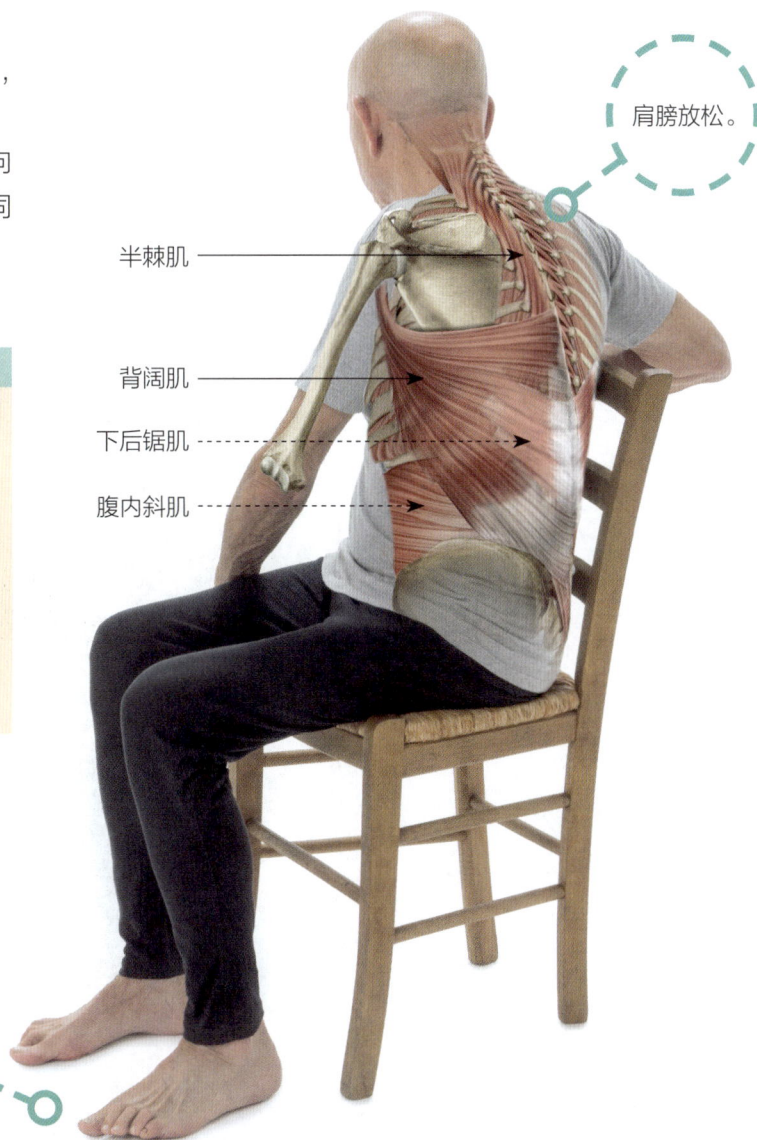

肩膀放松。

半棘肌

背阔肌

下后锯肌

腹内斜肌

双脚朝前。

躯干静态拉伸运动：侧屈（坐姿）

起始姿势

- 采用起始姿势 **2** 。

运动技巧

- 举起右臂向上移动，直至与头部贴在一起。深吸气，向左倾斜身体，双眼目视前方，右臂跟随着身体倾斜且微微弯曲，右手位于头顶上方。
- 左手抓住椅子腿。
- 保持拉伸状态 10 ～ 15 秒，呼吸节奏缓慢且平稳。然后身体回到起始位置，再举起左臂，反方向完成相同的动作。
- 重复练习 3 次。

注意事项

- 进行侧屈练习时，一定要使用稳固的椅子来防止在身体倾斜时翻倒。
- 如果肩部有健康问题，不要将手举过头顶，可以将手放在更低、更舒适的身体位置。

头部不要向下垂。

肱三头肌

大圆肌

背阔肌

前锯肌

腹外斜肌

腰方肌

躯干朝向前方。

健康益处

　　练习这两种躯干侧屈运动可以带来的好处如下。

- 缓解肌肉紧张，使腰部更灵活。
- 扩张胸腔，提高肺活量。
- 缓解背部不适。

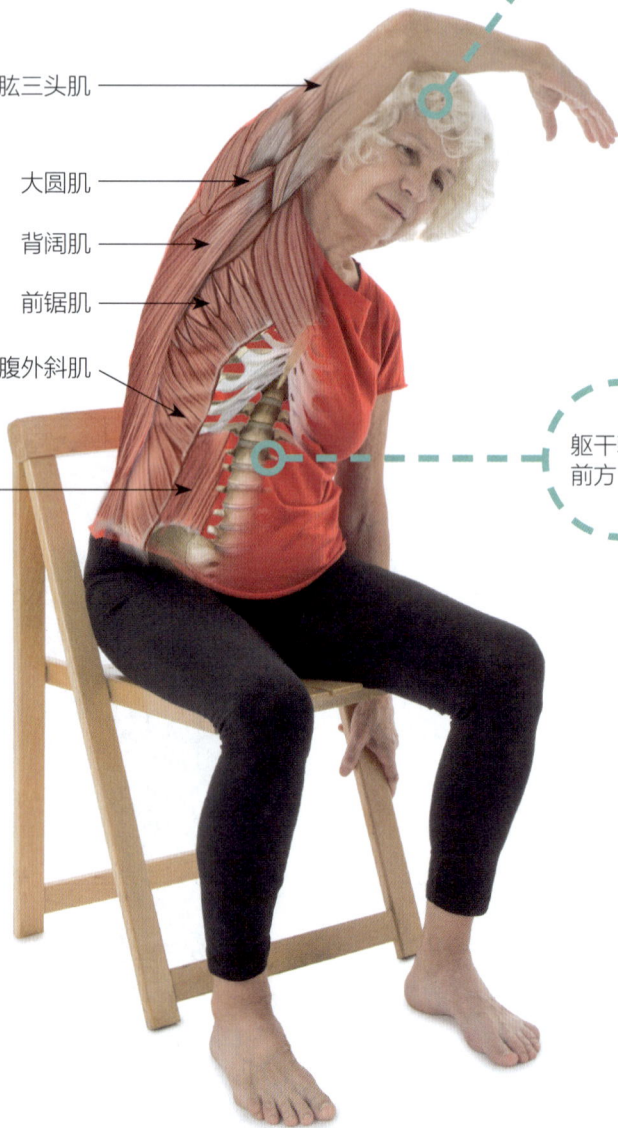

躯干静态拉伸运动：侧屈（站姿）

起始姿势

- 站在墙边，身体左侧与墙面平行，双脚并拢，骨盆微微后倾。
- 左手贴在墙上，左臂弯曲。

运动技巧

- 举起右臂，贴在头的右侧。
- 吸气，同时髋部右侧向外移，身体则朝着墙的方向倾斜，右手手指扶在墙上。头不要垂下，要和手臂贴在一起。
- 保持拉伸状态 10 ~ 15 秒，呼吸节奏缓慢且平稳。然后回到起始位置，换成身体右侧靠近墙面，再举起左臂，反方向完成相同的动作。
- 重复练习 3 次。

注意事项

- 如果背部感到不适，应该将双脚分开，双腿略微弯曲。

其他拉伸姿势

更温和的拉伸姿势

肩部有健康问题的人可以采用图示 ❶ 中的姿势拉伸，左前臂无须抬起，髋部右侧也无须向外进行很大幅度的移动。

头部靠在手臂上。

肱三头肌

大圆肌

背阔肌

前锯肌

腹外斜肌

腰方肌

臀部保持朝前。

膝盖稍微弯曲。

❶

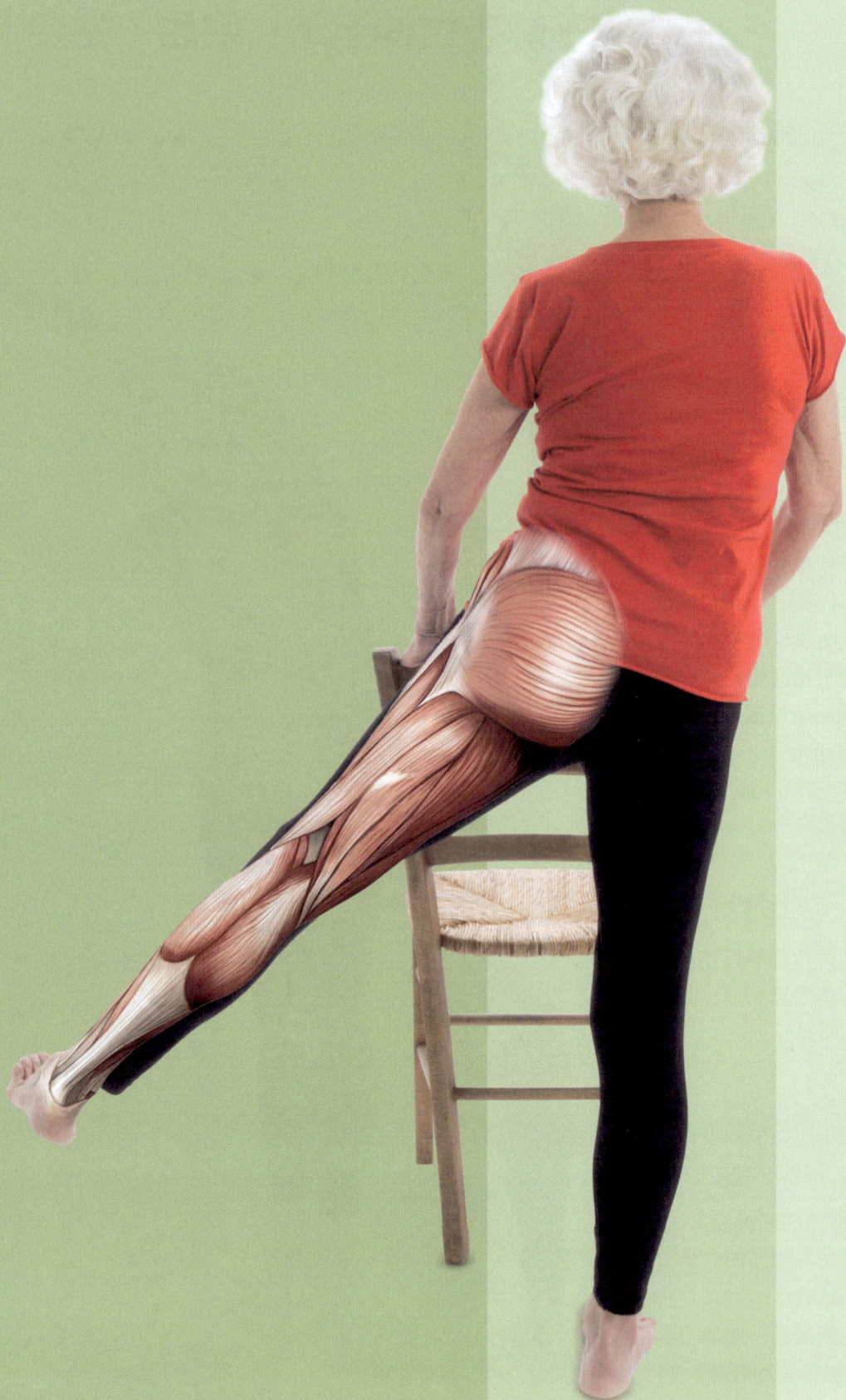

髋部拉伸运动

髋关节连接着骨盆和股骨，在保持站立、直立行走时发挥着至关重要的作用。髋部的运动范围很大，为身体提供稳定的支撑。

然而，随着年龄的增长及运动的缺乏，髋部的灵活性会逐渐降低，变得僵硬。这种僵硬可能会影响到背部、膝盖和脚部。

本章介绍的拉伸运动可以帮助恢复髋部的灵活性，改善行走方式和身体平衡，并缓解潜在的疼痛和疾病。

髋部动态拉伸运动：屈曲和伸展

起始姿势

- 双脚分开与髋同宽，朝向前方。
- 站立椅子侧面，身体左侧与椅背平行，左手放在椅背上方。

运动技巧

- 抬起右腿向前和向上伸直，此时髋部进行屈曲运动。
- 保持右腿前伸的姿势片刻，然后将右腿向后和向上伸直，此时髋部进行伸展运动。保持右腿后伸的姿势片刻。
- 重复练习 10 ～ 20 次。
- 换至左腿，进行同样的练习。

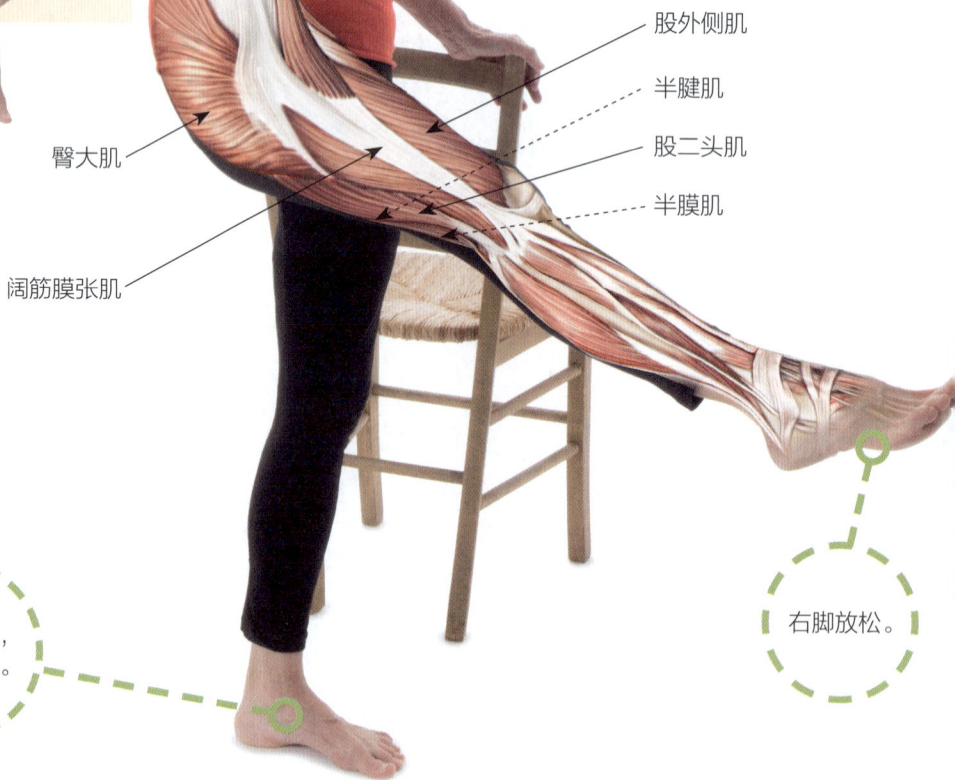

臀大肌

阔筋膜张肌

股外侧肌

半腱肌

股二头肌

半膜肌

左脚朝前，保持不动。

右脚放松。

动作顺序

- 在整个运动过程中，移动的那只脚要一直保持与髋部在同一条直线上。

健康益处

- 改善髋部僵硬，使其变得更灵活。
- 缓解由骨关节炎和其他骨骼或肌肉问题引起的疼痛。

躯干不要前后倾斜。

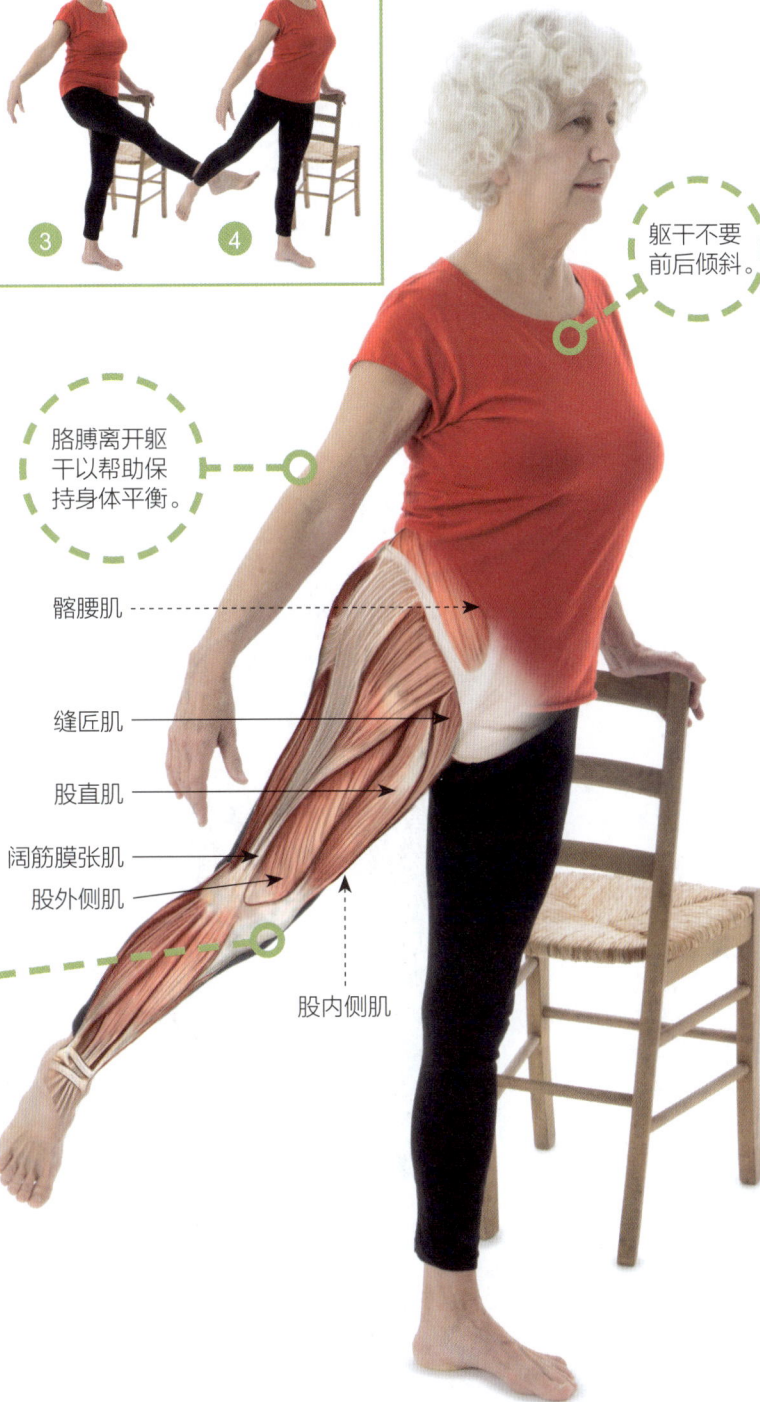

胳膊离开躯干以帮助保持身体平衡。

髂腰肌

缝匠肌

股直肌

阔筋膜张肌

股外侧肌

膝盖伸直。

股内侧肌

注意事项

- 如果腰部感到不适，可以适当降低拉伸强度。

髋部动态拉伸运动：内外旋转

起始姿势

- 采用起始姿势 ① 。

运动技巧

- 双手放在髋部。
- 左脚向内旋转，带动髋关节内旋，保持拉伸状态片刻。
- 然后左脚向外旋转，带动髋关节外旋，保持拉伸状态片刻。
- 重复练习 10 ～ 20 次。
- 换至右脚，进行同样的练习。

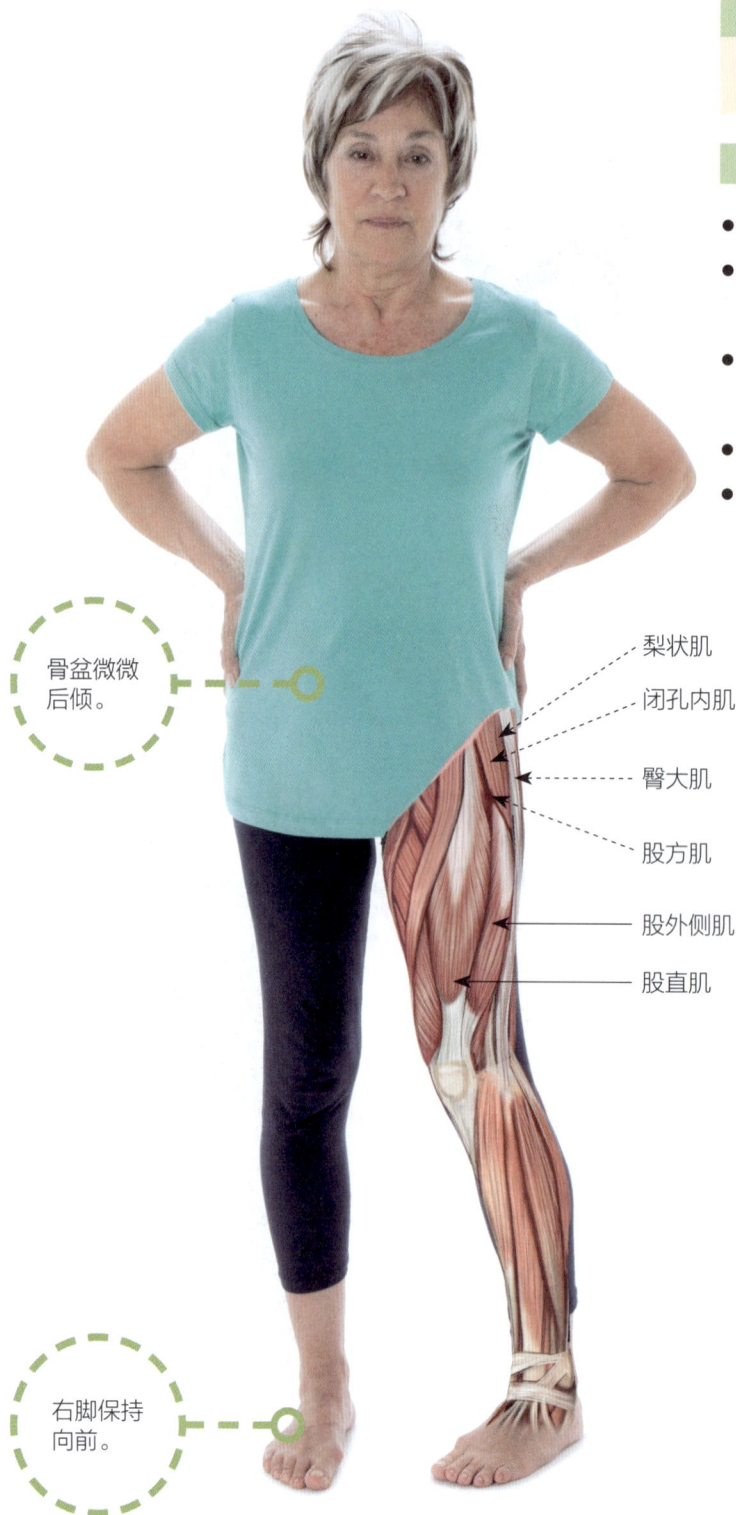

骨盆微微后倾。

梨状肌

闭孔内肌

臀大肌

股方肌

股外侧肌

股直肌

右脚保持向前。

动作顺序

①

②

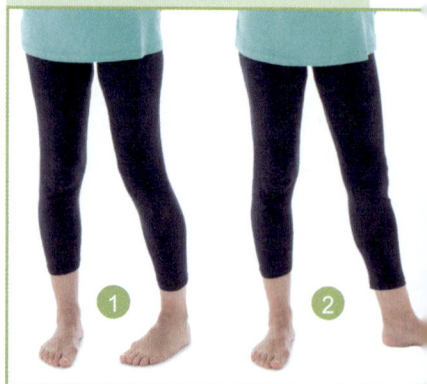

- 脚掌引导该拉伸运动，交替向内和向外滑动。

健康益处

- 可以缓解髋部的不适，减轻髋部的紧张感。

注意事项

- 如果膝盖有健康问题，在双脚进行旋转运动时，应该适当缩短旋转的距离。

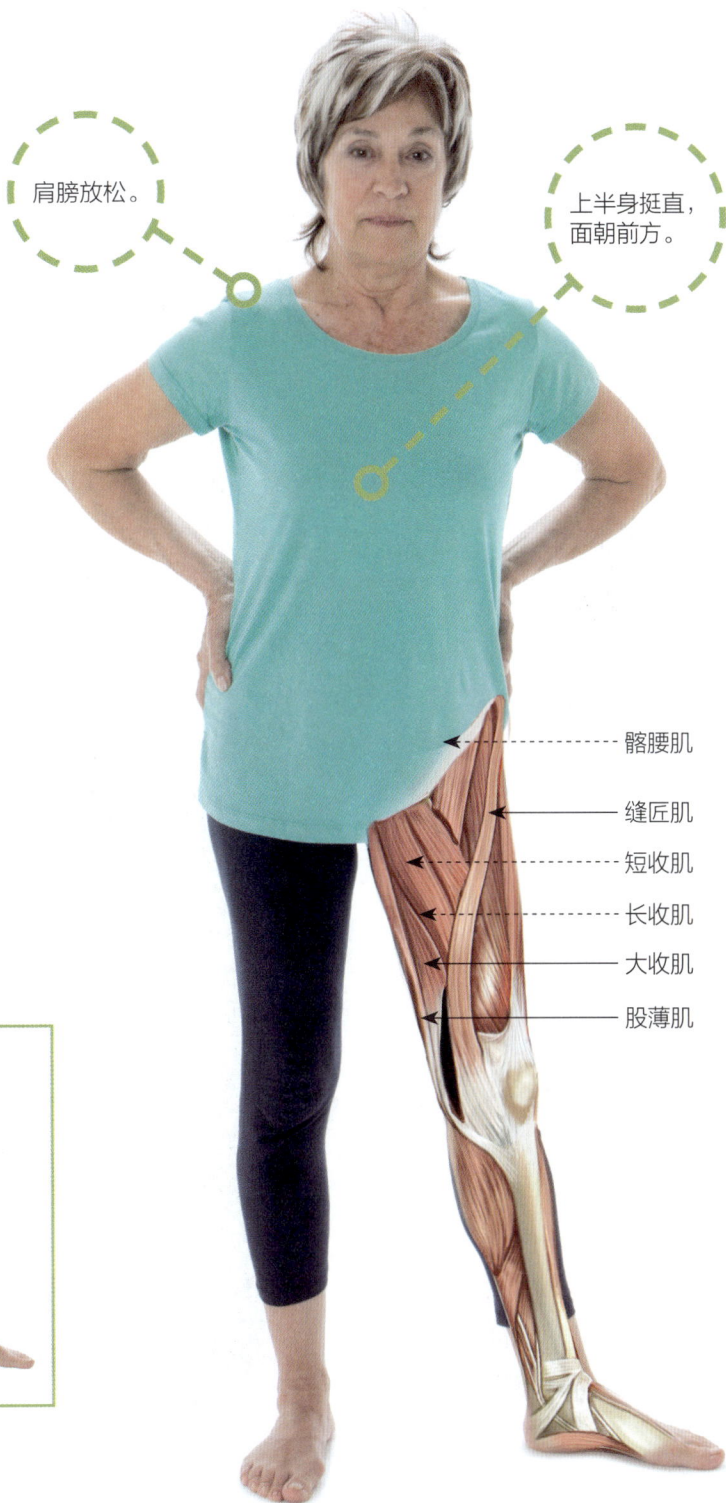

肩膀放松。

上半身挺直，面朝前方。

髂腰肌

缝匠肌

短收肌

长收肌

大收肌

股薄肌

3

4

髋部动态拉伸运动：外展和内收

起始姿势

- 站在椅子后面，双手放在椅背上方。
- 双脚与髋部同宽，朝向前方。

身体的上半部分保持稳定不动。

动作顺序

① ②

- 该运动需要缓慢、连续并有节奏地进行，进行练习的腿要从身体一侧缓缓移动到身体另一侧。

大收肌

长收肌

短收肌

股薄肌

腓肠肌外侧头

腓肠肌内侧头

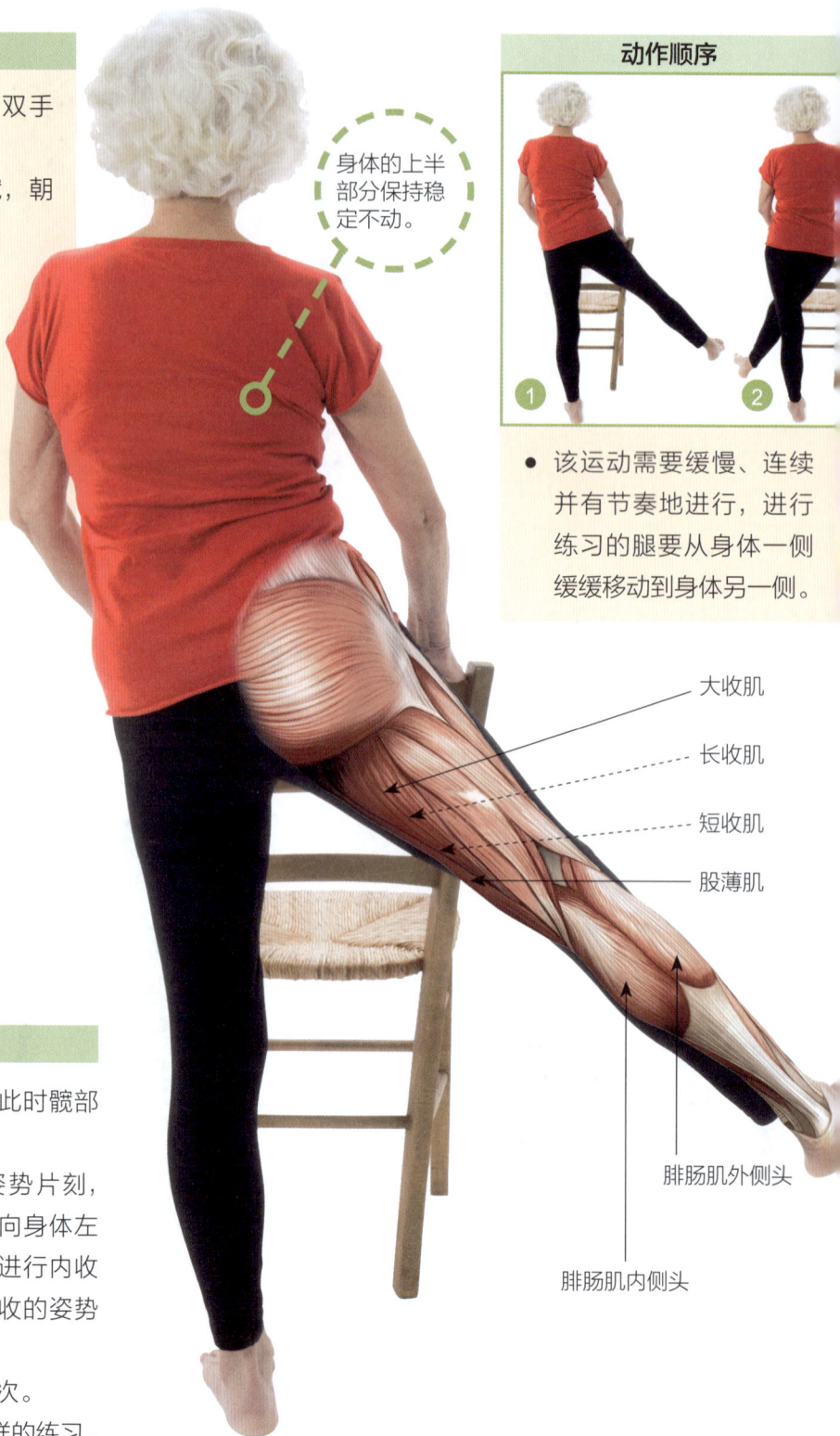

运动技巧

- 向右侧抬起右腿，此时髋部进行外展运动。
- 保持右腿外展的姿势片刻，然后将伸直的右腿向身体左侧移动，此时髋部进行内收运动。保持右腿内收的姿势片刻。
- 重复练习 10 ～ 20 次。
- 换至左腿，进行同样的练习。

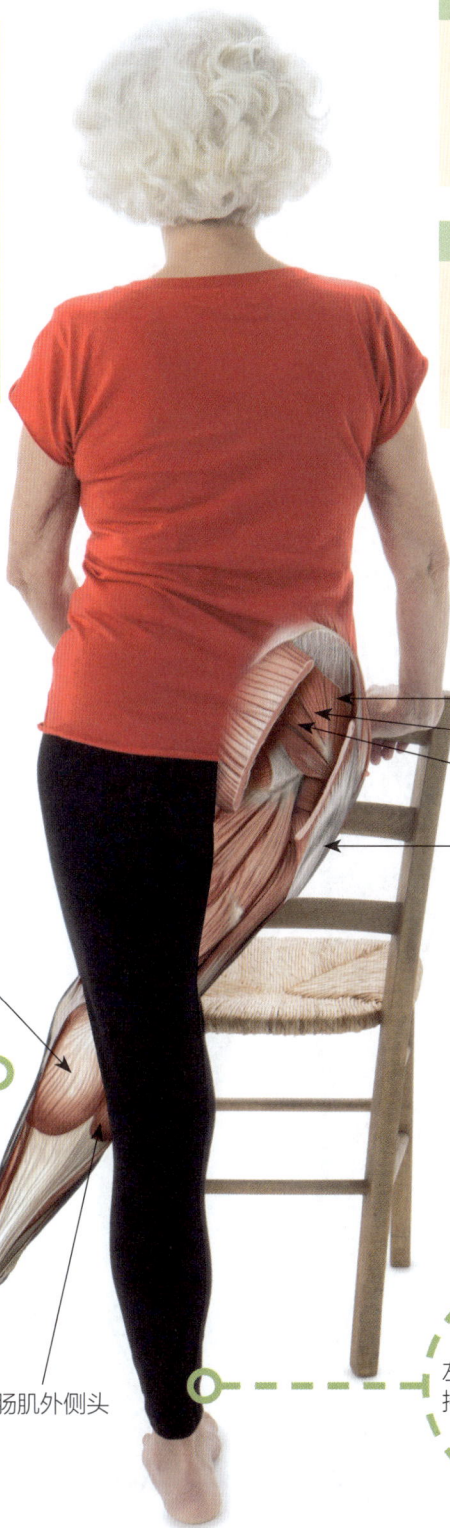

健康益处

- 增加髋部灵活性，使髋部更柔软，扩大其活动范围。

注意事项

- 如果髋部感到疼痛，应该适当减小双腿外展的运动幅度。

臀中肌

臀小肌

梨状肌

阔筋膜张肌

腓肠肌内侧头

右腿与左腿在左腿前方交叉，并尽可能地朝左侧伸展。

腓肠肌外侧头

左腿伸直，脚保持朝前不动。

髋部动态拉伸运动：侧屈

起始姿势

- 采用起始姿势 1 。

运动技巧

- 双手扶在髋部。
- 弯曲左膝，并将右侧髋部向外倾斜，左侧髋部向内倾斜。
- 保持右侧髋部外倾，左侧内倾的姿势片刻，然后弯曲右膝，并将左侧髋部向外倾斜，右侧髋部向内倾斜。保持左侧髋部外倾，右侧内倾的姿势片刻。
- 重复练习 10 ～ 20 次。

胸部不要移动。

臀中肌
臀小肌

阔筋膜张肌
短收肌
长收肌
大收肌
股薄肌

双脚要一直保持向前。

动作顺序

1

2

- 交替弯曲两侧膝盖。

健康益处

- 缓解髋部僵硬。
- 缓解髋部疼痛和不适。

注意事项

- 保持膝盖弯曲，以避免僵硬和不适。

肩膀放松。

骨盆微微后倾。

臀中肌

臀小肌

阔筋膜张肌

短收肌

长收肌

大收肌

股薄肌

3   4

髋部动态拉伸运动：前倾和后倾

起始姿势

- 采用起始姿势 ①。
- 双手放于髋部，骨盆微微后倾。

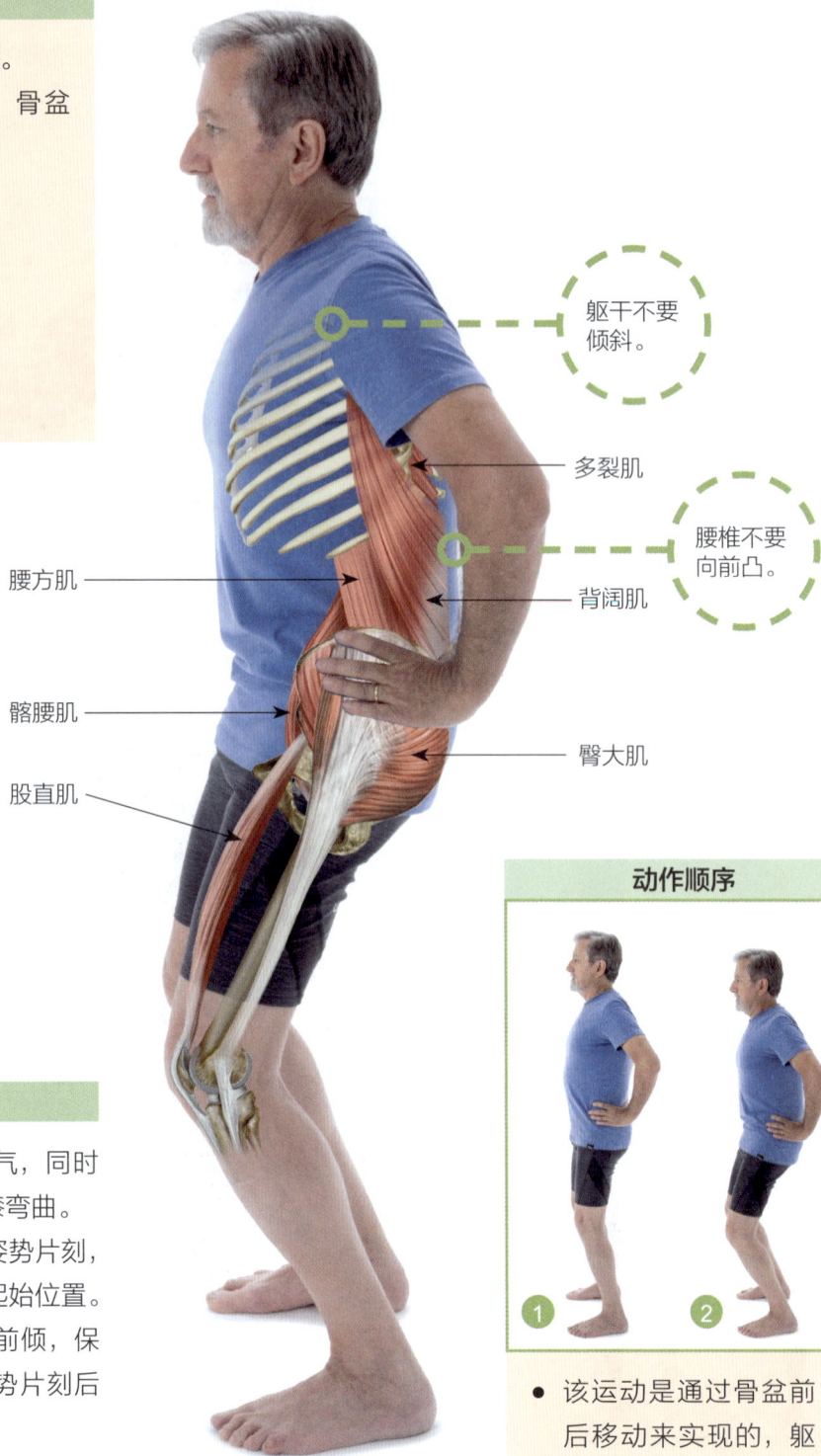

躯干不要倾斜。

多裂肌

腰椎不要向前凸。

腰方肌

背阔肌

髂腰肌

臀大肌

股直肌

运动技巧

- 先吸气，然后呼气，同时骨盆向后倾，双膝弯曲。
- 保持骨盆后倾的姿势片刻，吸气，身体回到起始位置。随后骨盆开始向前倾，保持骨盆前倾的姿势片刻后回到起始位置。
- 重复练习 10 ～ 20 次。

动作顺序

① ②

- 该运动是通过骨盆前后移动来实现的，躯干注意保持不动。

健康益处

- 拉伸髋部。
- 缓解腰部紧张和不适，减缓腰痛。
- 增加肺活量。

注意事项

- 如果腰部感到不适，在进行练习时身体应缓慢移动，不要过快。
- 如果有呼吸方面的健康问题，在练习时无须特意关注吸气和呼气的节奏，保持全程呼吸缓慢且平稳即可。

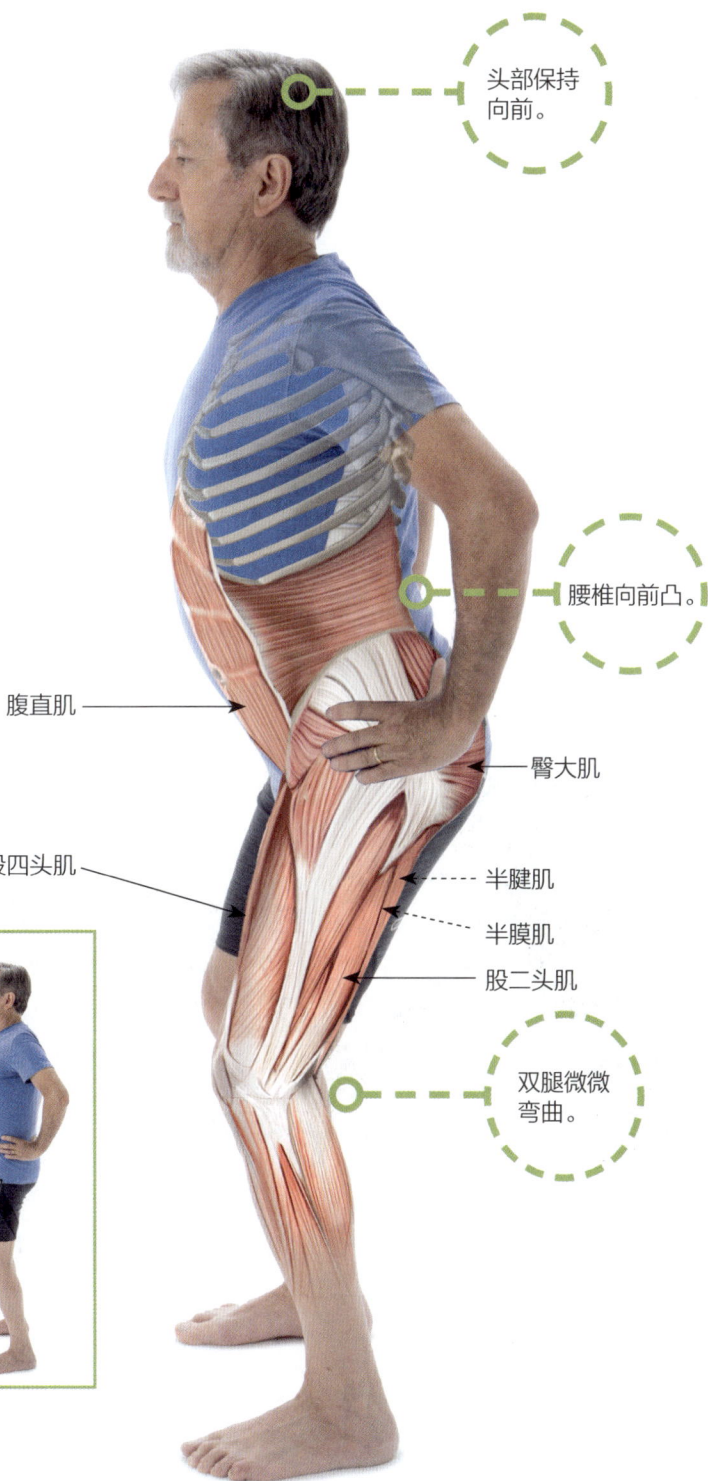

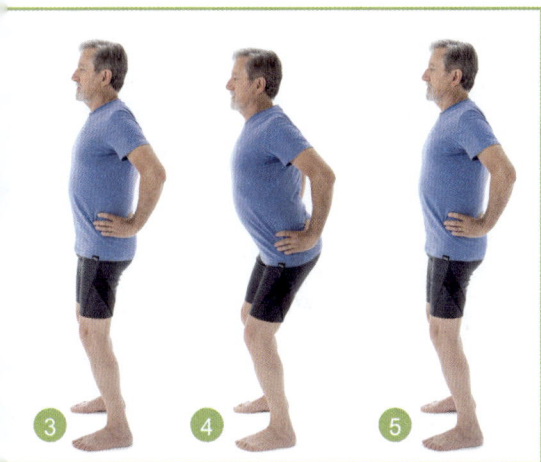

头部保持向前。

腰椎向前凸。

腹直肌

臀大肌

股四头肌

半腱肌

半膜肌

股二头肌

双腿微微弯曲。

③ ④ ⑤

髋部静态拉伸运动：仰卧位屈膝

起始姿势

- 采用起始姿势 ③ 。

健康益处

练习这两种髋部屈膝运动（仰卧位屈膝和侧卧位屈膝）可以带来的好处如下。

- 放松髋部，使其更灵活。
- 缓解腰痛和坐骨神经痛。

运动技巧

- 抬起左腿，双手交叉抱住左膝，膝盖向胸部靠近使髋部弯曲。
- 双手下压膝盖，使其尽量靠近胸部。保持屈膝状态 10 ～ 15 秒。
- 身体回到起始位置，重复练习 3 次。
- 换至右腿，进行同样的练习。

注意事项

- 在左腿屈膝时，右腿保持弯曲以避免腰部产生不适感。
- 头部平躺在地面上，不要向后移动，这样可以避免颈部肌肉紧张。

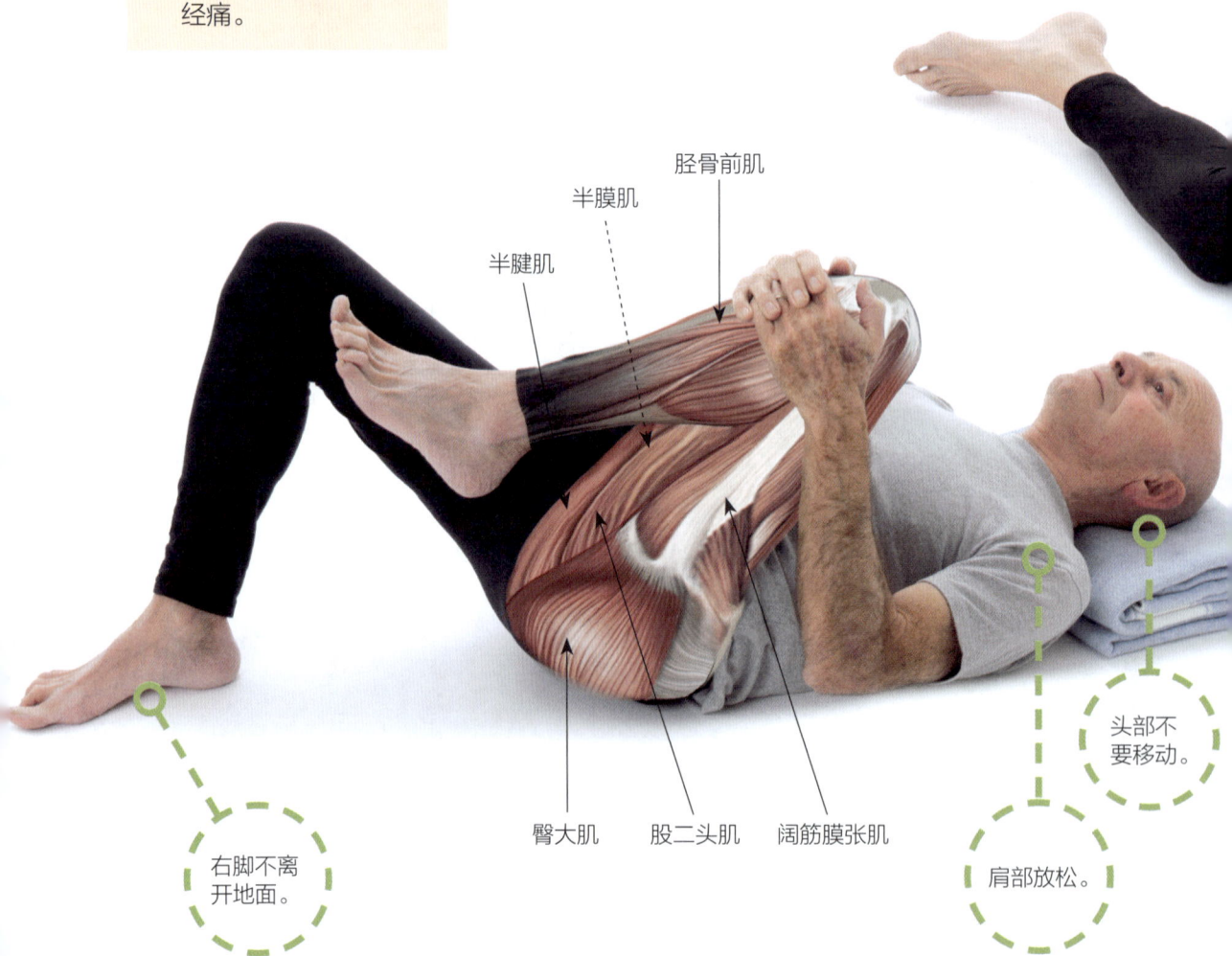

胫骨前肌

半膜肌

半腱肌

臀大肌

股二头肌

阔筋膜张肌

头部不要移动。

右脚不离开地面。

肩部放松。

髋部静态拉伸运动：侧卧位屈膝

起始姿势

- 采用起始姿势 4 。

运动技巧

- 右膝向胸部靠近，用右手抱住膝盖使髋部屈曲。
- 右腿贴紧胸部后，保持屈膝状态 10 ～ 15 秒。
- 身体回到起始位置，重复练习 3 次。
- 身体换成右侧卧的姿势，左膝开始向胸部靠近，进行同样的练习。

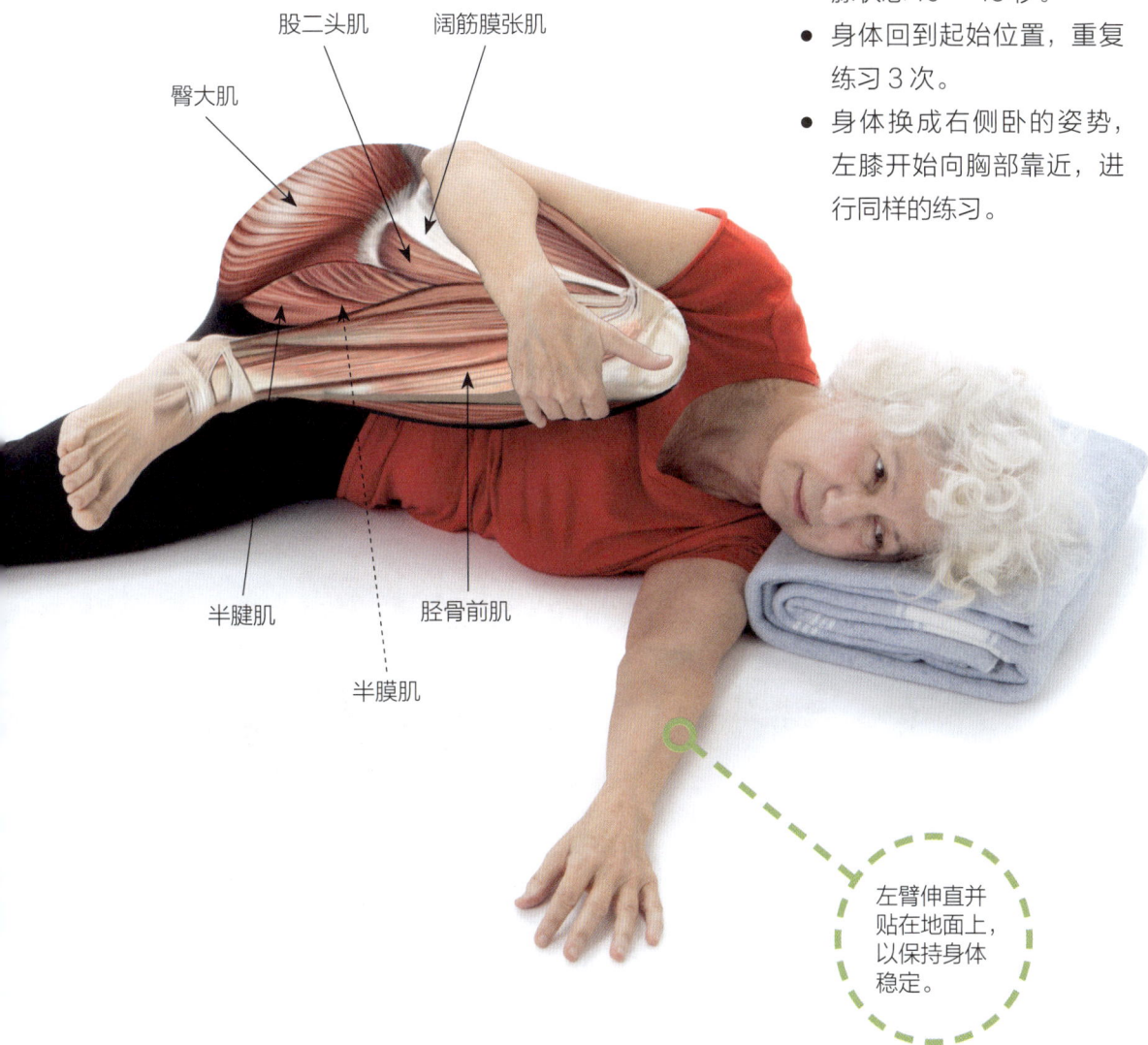

股二头肌

阔筋膜张肌

臀大肌

半腱肌

胫骨前肌

半膜肌

左臂伸直并贴在地面上，以保持身体稳定。

注意事项

- 如果髋部感到不适，可以将右膝贴在地面上来对身体进行支撑。

髋部静态拉伸运动：侧卧位拉伸

起始姿势

● 采用起始姿势 4 。

健康益处

● 缓解髋部紧张并扩大
其活动范围。

运动技巧

● 将右腿向后伸直，使髋部向
后伸展。
● 右手放在地面上以保持身体
平衡。
● 保持拉伸状态 10 ~ 15 秒。
● 身体回到起始位置，重复练
习 3 次。
● 身体换成右侧卧的姿势，左
腿开始向后伸直，进行同样
的练习。

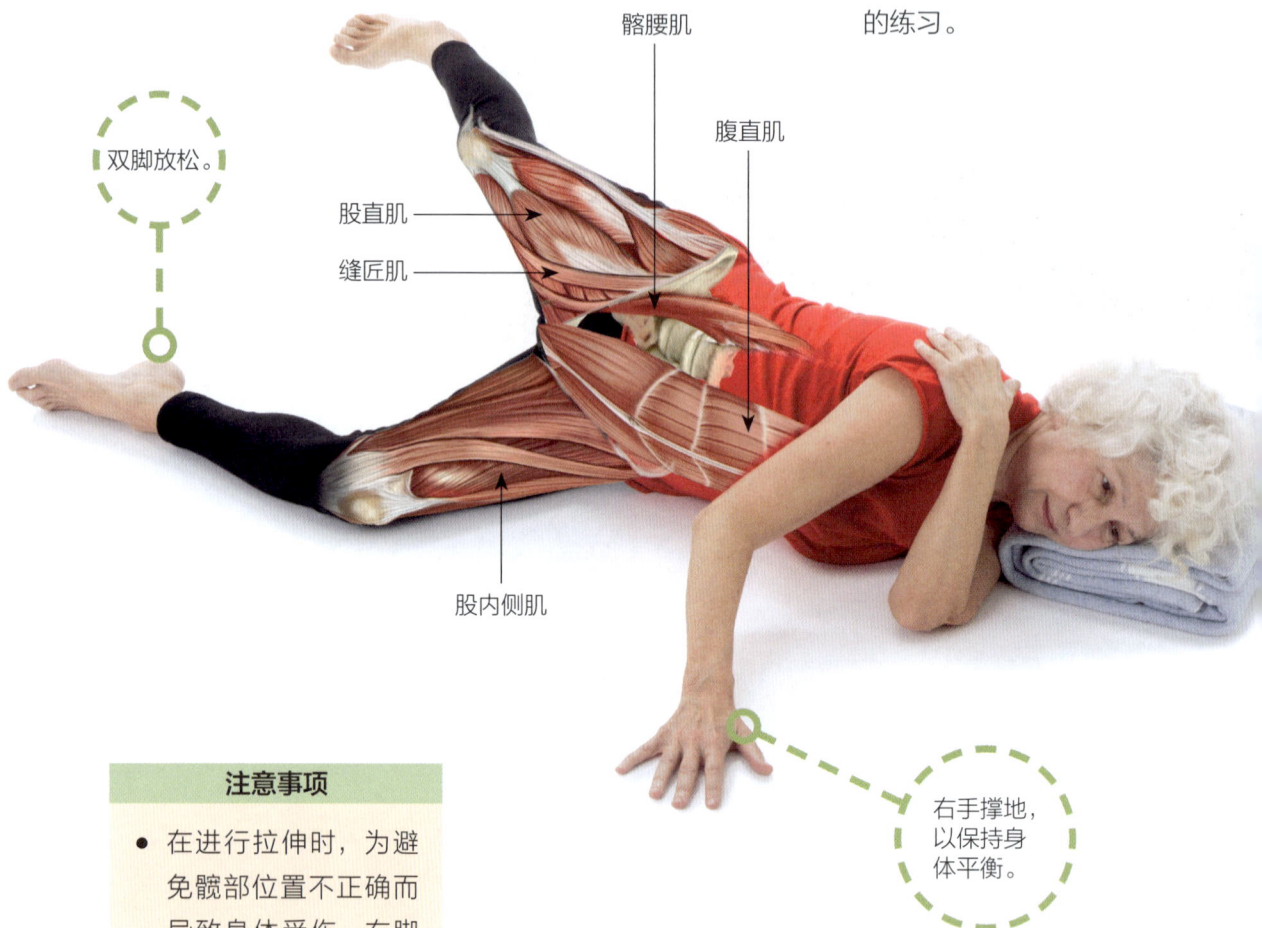

双脚放松。

髂腰肌

腹直肌

股直肌

缝匠肌

股内侧肌

右手撑地，
以保持身
体平衡。

注意事项

● 在进行拉伸时，为避
免髋部位置不正确而
导致身体受伤，右脚
要尽可能与髋部保持
平齐。

髋部静态拉伸运动：侧屈

起始姿势

- 靠墙站立，身体左侧与墙面平行。
- 右手放在右侧髋部，左臂伸直与肩同高，手掌贴在墙上。
- 双脚向前。

健康益处

- 放松髋部，使其更灵活。
- 缓解由骨关节炎和其他骨骼肌肉问题引起的疼痛。

注意事项

- 为避免右膝负担过重，需要适当弯曲右膝。

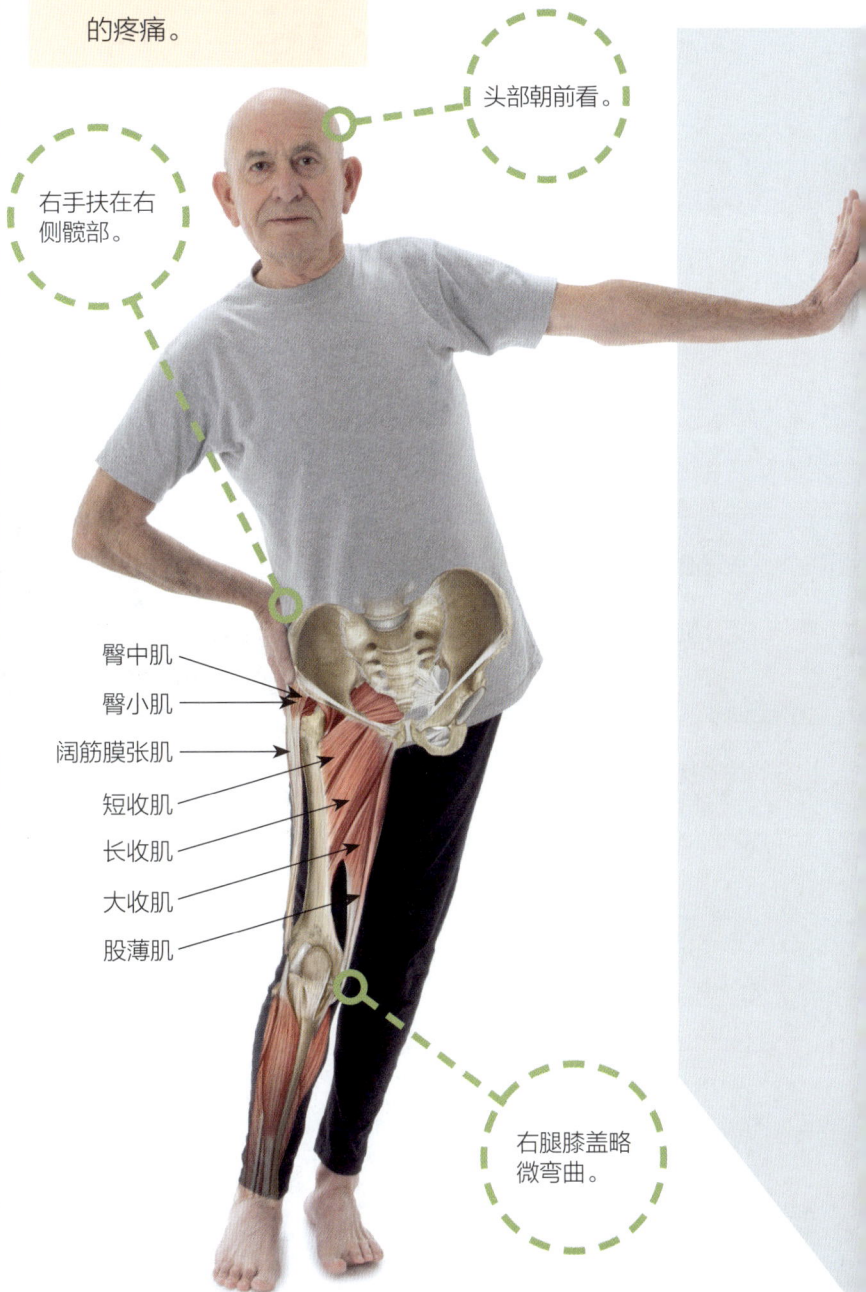

头部朝前看。

右手扶在右侧髋部。

臀中肌
臀小肌
阔筋膜张肌
短收肌
长收肌
大收肌
股薄肌

右腿膝盖略微弯曲。

运动技巧

- 先吸气，然后呼气，同时左侧髋部朝墙面靠近，身体向远离墙面的方向倾斜。
- 保持这个姿势 10 ~ 15 秒，呼吸节奏缓慢且平稳。
- 吸气，身体回到起始位置，重复练习 3 次。
- 换成身体右侧靠近墙面，右侧髋部朝墙面靠近，反方向完成相同的动作。

髋部静态拉伸运动：外旋

起始姿势

- 采用起始姿势 ③ 。

运动技巧

- 抬起左脚，左膝向外展开，带动髋部外旋。
- 左手握住左膝向外拉伸。
- 保持拉伸状态 10 ～ 15 秒。
- 身体回到起始位置，重复练习 3 次。
- 换至右腿，反方向完成相同的动作。

健康益处

- 缓解髋部僵硬，扩大其活动范围。

注意事项

- 保持左膝向侧面移动，不要抬高它以避免髋部过度拉伸。

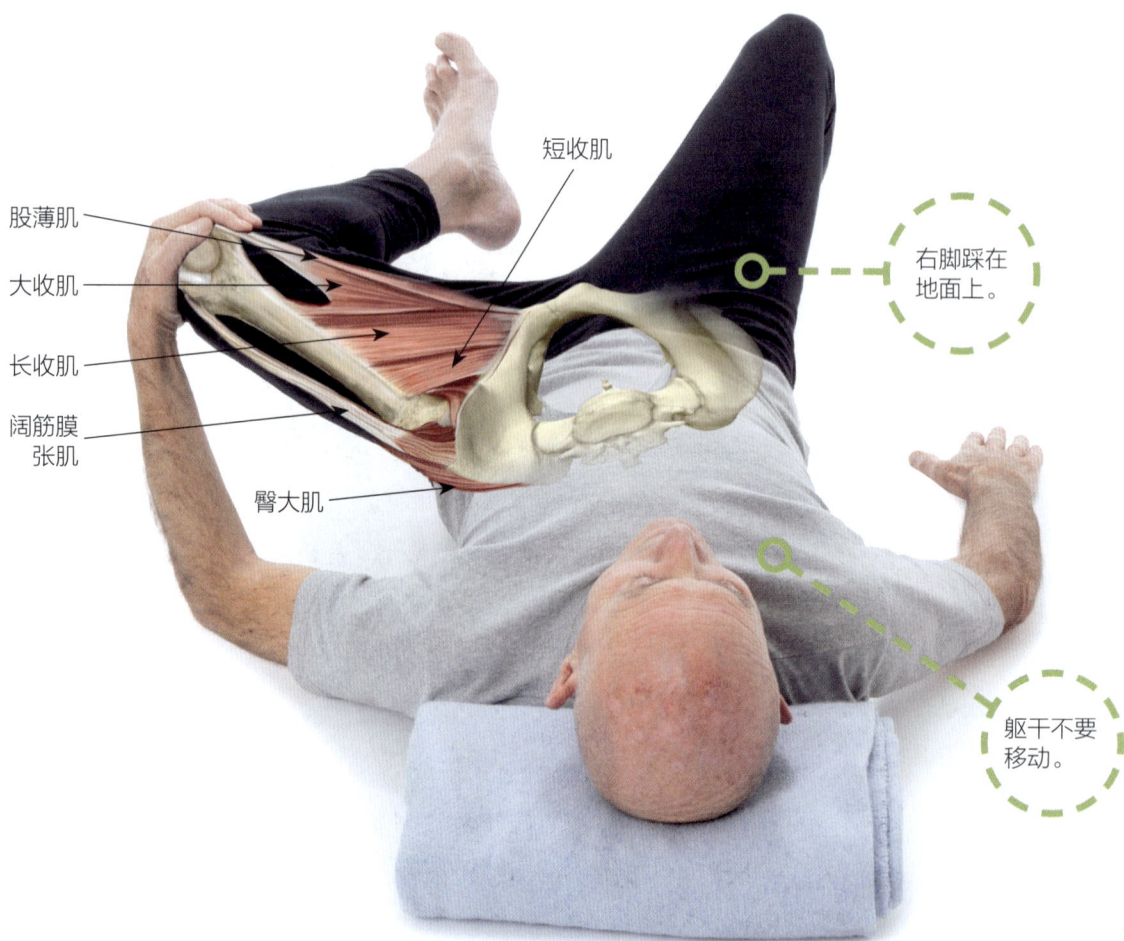

股薄肌

大收肌

长收肌

阔筋膜张肌

短收肌

臀大肌

右脚踩在地面上。

躯干不要移动。

髋部静态拉伸运动：内旋

起始姿势

- 采用起始姿势 ③。

运动技巧

- 抬起左脚，左膝向内移动，带动髋部内旋。
- 右手扶住左膝向内拉伸。
- 保持拉伸状态 10 ～ 15 秒。
- 身体回到起始位置，重复练习 3 次。
- 换至右腿，反方向完成相同的动作。

注意事项

- 为避免髋部右侧和腰部产生过大的压力，右腿不要向外移动。

健康益处

- 缓解髋部的紧张感并增加其灵活性。
- 缓解由关节炎和其他骨骼和肌肉问题引起的髋部疼痛。
- 缓解腰痛。

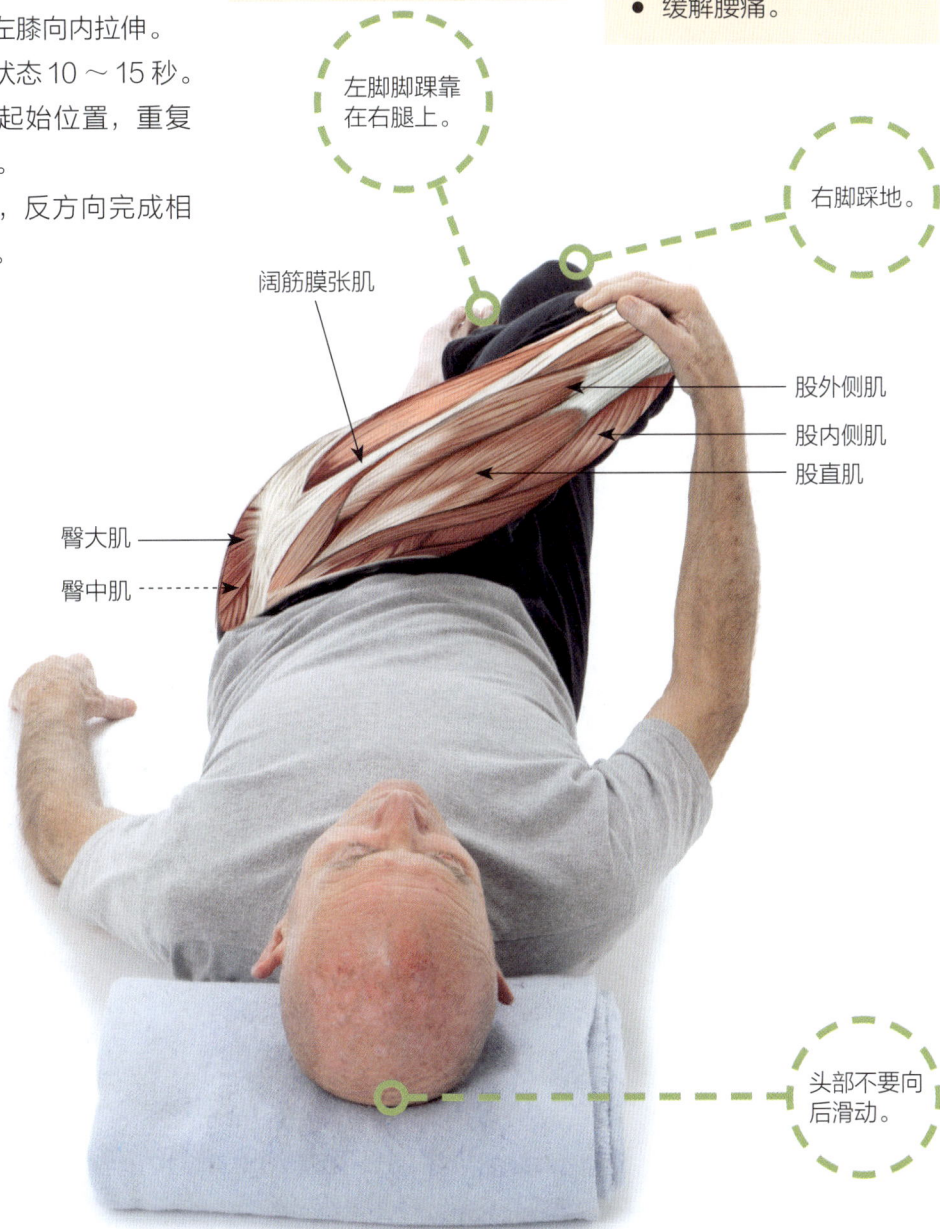

左脚脚踝靠在右腿上。

右脚踩地。

阔筋膜张肌

股外侧肌

股内侧肌

股直肌

臀大肌

臀中肌

头部不要向后滑动。

髋部静态拉伸运动：外展

起始姿势

　　练习这两种髋部运动（外展和内收）应采用如下起始姿势。

- 仰卧在地上，抬起的双腿紧贴在墙面上，保持伸直状态。身体尽可能贴近墙壁。
- 双臂伸直，放松地贴在地面上。
- 如有需要，可以在头部下方放一个支撑物（比如一个枕头或毯子）。

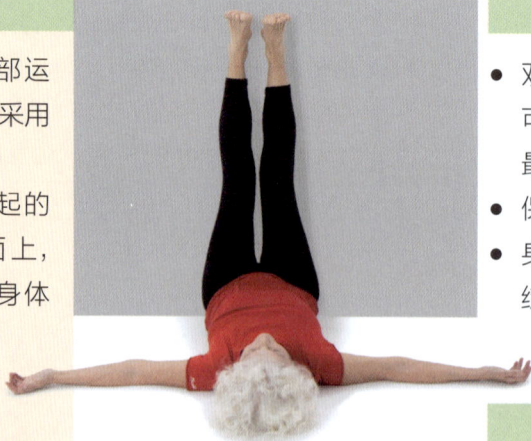

运动技巧

- 双腿分开朝两侧外展，尽可能拉伸到双腿能承受的最大角度，带动髋部外展。
- 保持拉伸状态 10 ～ 15 秒。
- 身体回到起始位置，重复练习 3 次。

注意事项

- 如果感觉拉伸强度过大，可以适当减小双腿分开的角度，保持在一个身体感觉较为舒适的位置。
- 为帮助髋部正确定位，双脚应保持向前，双腿不要倾斜。

双脚放松。

腓肠肌内侧头

股薄肌

耻骨肌

下巴微微内收。

大收肌
长收肌
短收肌

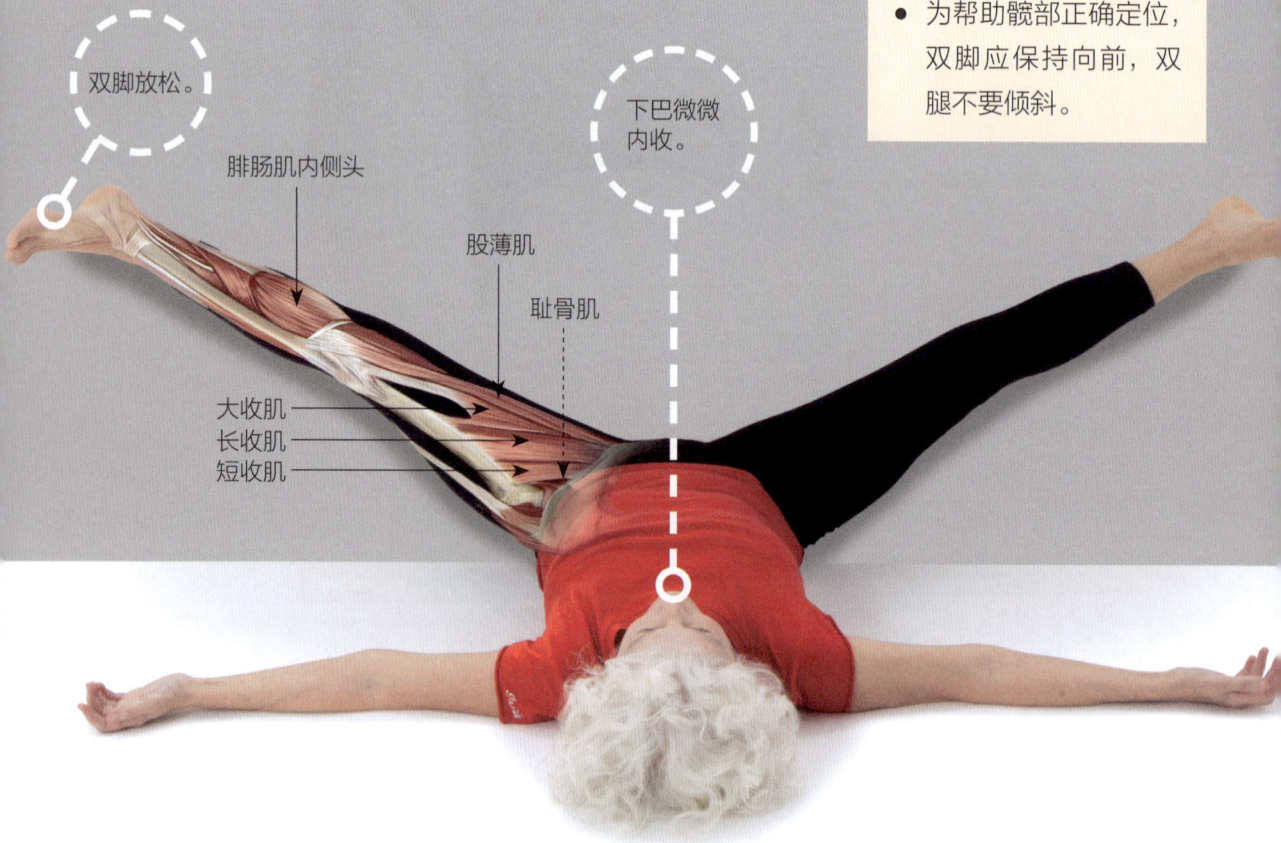

髋部静态拉伸运动：内收

运动技巧

- 交叉双腿，左腿位于右腿上方，带动髋部内收。
- 保持拉伸状态 10 ～ 15 秒。
- 身体回到起始位置，重复练习 3 次。
- 反向交叉双腿，右腿位于左腿上方，反方向完成相同的动作。

注意事项

练习上述两种髋部运动（外展和内收）时，有如下注意事项。

- 如果腰部感到不适，身体可以稍稍远离墙壁，不要紧靠在墙上，并可以在头部下方垫一个枕头。

健康益处

练习上述两种髋部运动（外展和内收）可以带来的好处如下。

- 增强髋部肌肉力量，缓解僵硬，扩大髋关节活动范围。
- 改善腿部血液循环。
- 重塑身体形态。

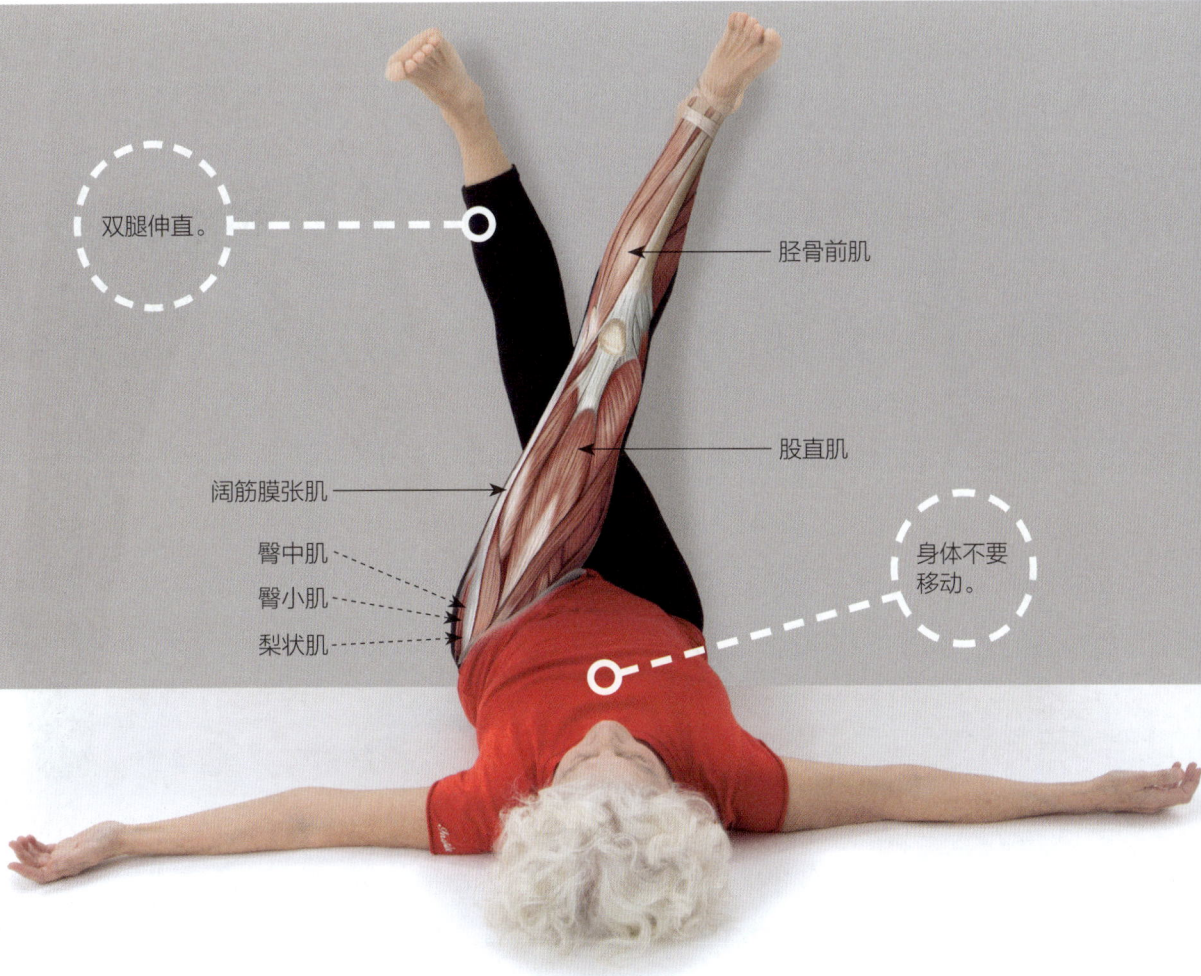

双腿伸直。

胫骨前肌

股直肌

阔筋膜张肌

臀中肌

臀小肌

梨状肌

身体不要移动。

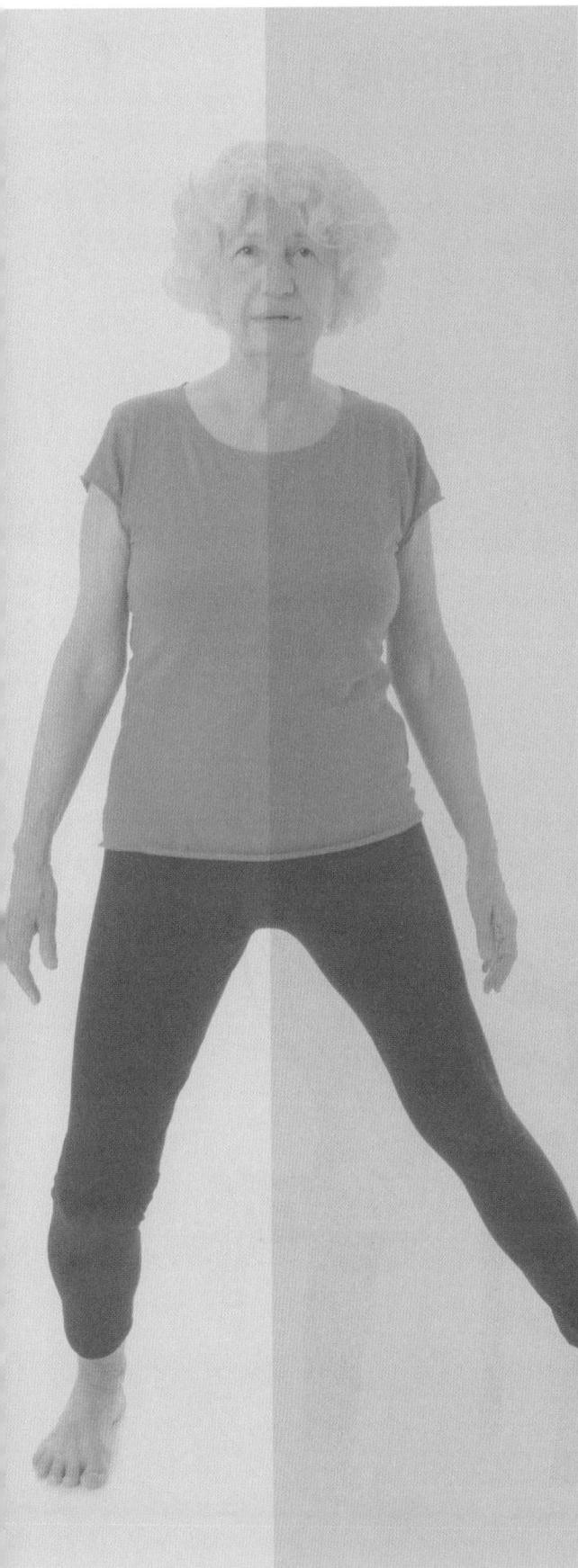

下肢拉伸运动

腿部和膝盖

膝盖是腿部弯曲的关键部位，对于行走非常重要，并且在起跳和着陆时承受着身体的重量。

脚踝和脚掌

脚踝保证了双脚的稳定性，它有较大的活动范围，从而可以帮助双脚完成行走，跑动等运动。

双脚是身体最基础的部位之一，它们支撑起整个身体的重量，让人类直立行走这一行为变成了现实；同时，它们也帮助身体保持平衡。

脚趾可以紧抓地面，产生摩擦力，帮助双脚保持稳定并完成各类运动。

本章介绍的各类拉伸运动有助于放松脚部肌肉，增强膝盖和脚踝的力量，使下肢更灵活；缓解下肢可能存在的各类不适，并促进健康问题的康复。

膝关节动态拉伸运动：屈曲和伸展 1

起始姿势

- 站直，身体右侧与椅背平行，右手握在椅背上方，左手放在左侧髋部。
- 双脚分开，面向前方。

健康益处

- 缓解腿部的紧张感，放松肌肉。
- 增强膝关节的灵活性并改善其活动能力。

运动技巧

- 弯曲左腿，左脚向后提起，直至脚跟与膝盖大致在同一高度。
- 保持屈曲状态片刻后，把腿和膝盖向前伸直，再保持伸展状态片刻。
- 重复练习 10 ～ 20 次。
- 换至右腿，反方向完成相同的动作。

注意事项

- 可以合理借助椅子的支撑来保持身体平衡。

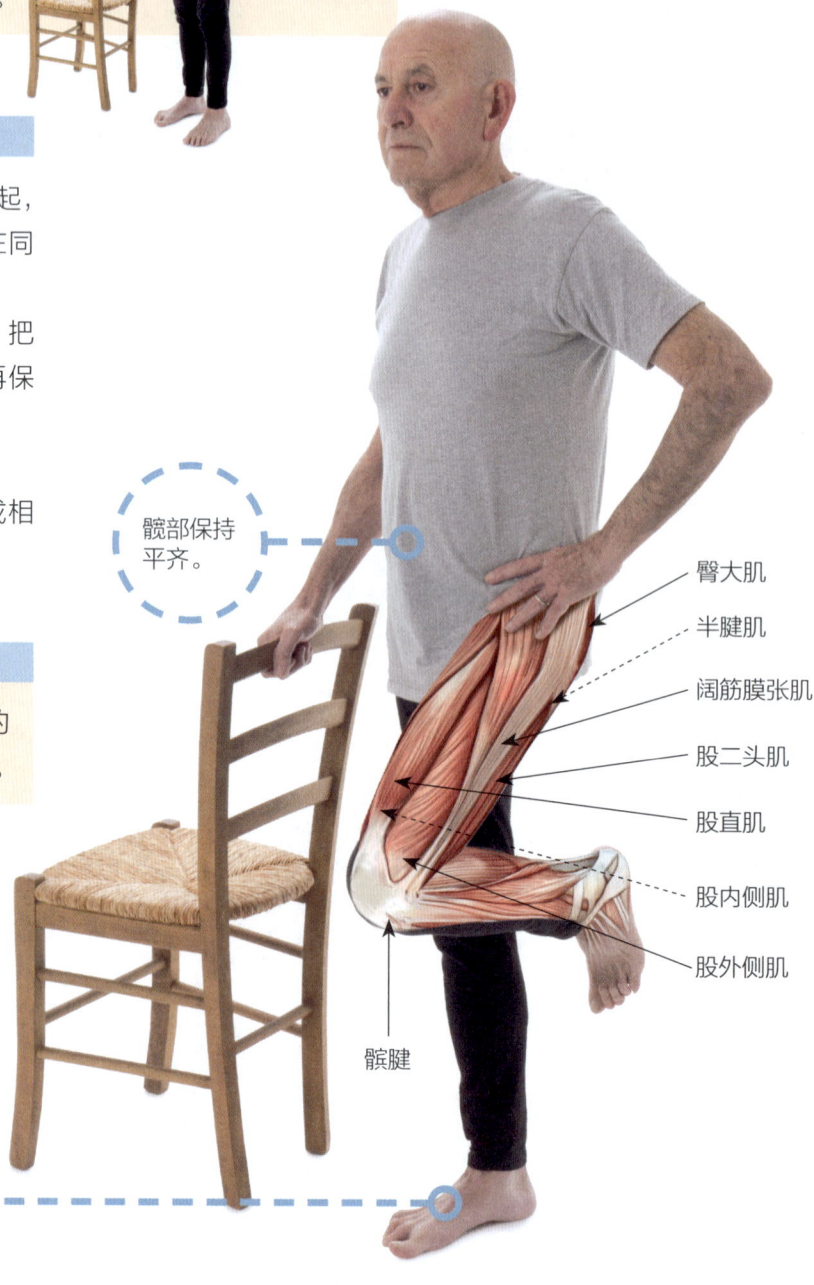

髋部保持平齐。

臀大肌

半腱肌

阔筋膜张肌

股二头肌

股直肌

股内侧肌

股外侧肌

髌腱

右脚始终朝前。

骨盆微微后倾。

膝盖处于伸展状态。

臀大肌

半腱肌

半膜肌

股直肌

阔筋膜张肌

股二头肌

股外侧肌

股内侧肌

脚部放松。

动作顺序

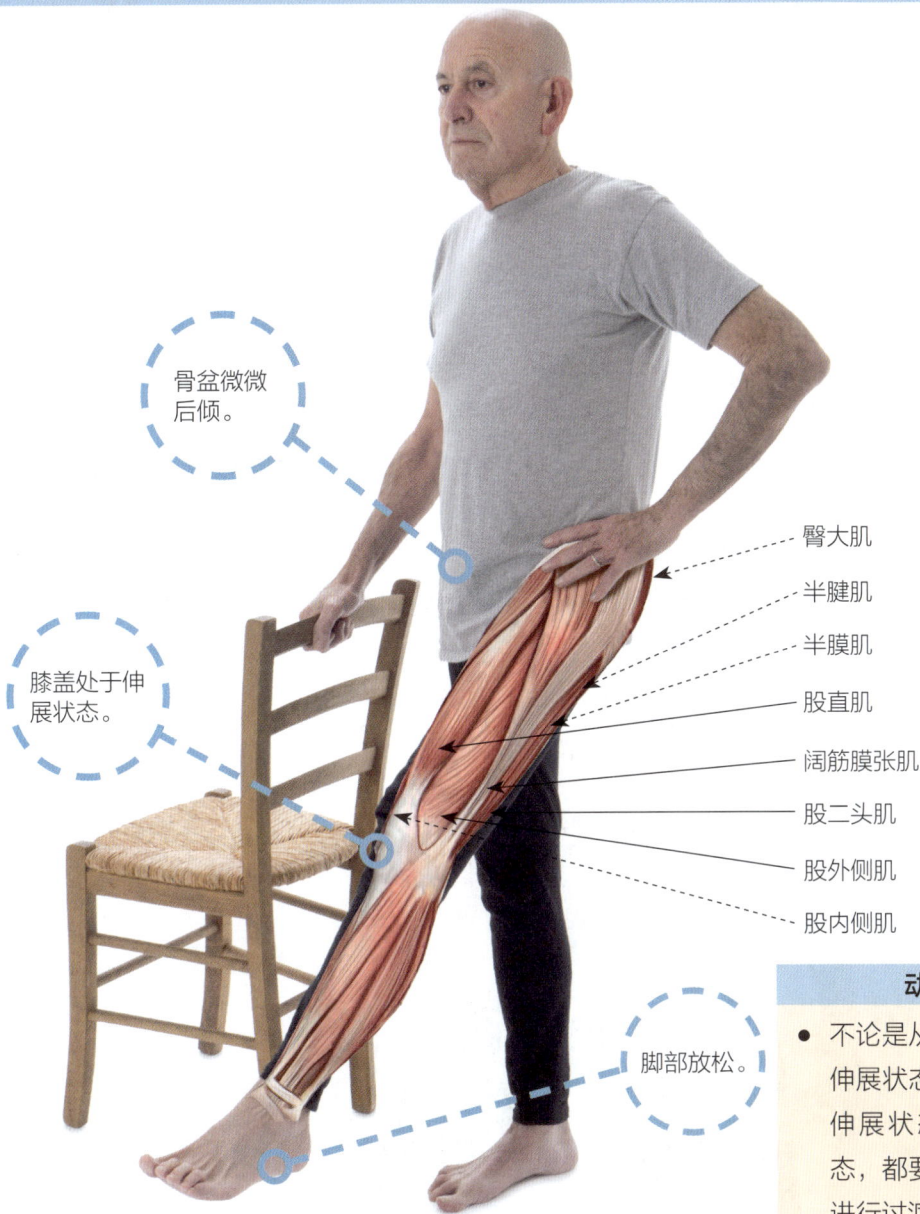

- 不论是从屈曲状态转换至伸展状态，还是反过来从伸展状态转换至屈曲状态，都要缓慢且有节奏地进行过渡。

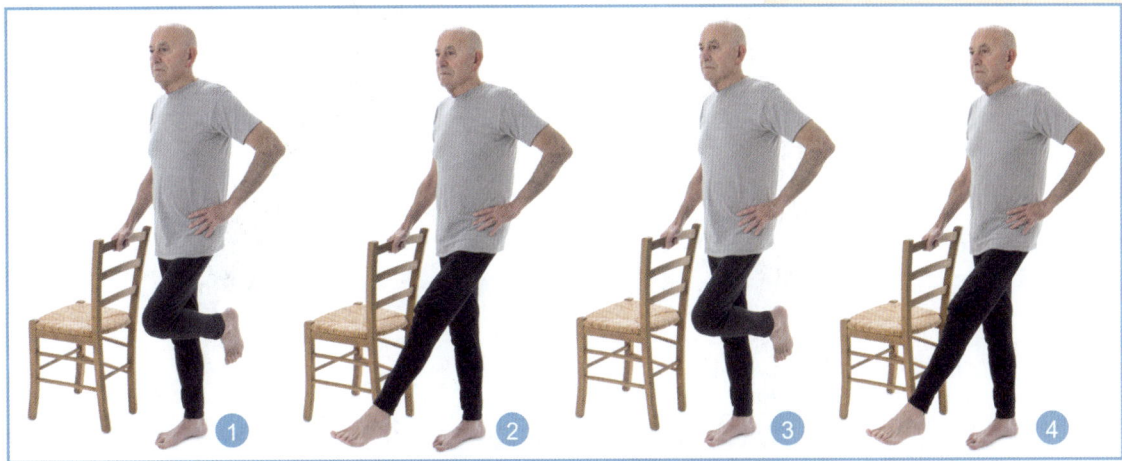

① ② ③ ④

膝关节动态拉伸运动：屈曲和伸展 2

起始姿势

- 在站立的姿势下，双脚分开，脚尖朝前。
- 双臂自然垂放在身体两侧。

骨盆微微后倾。

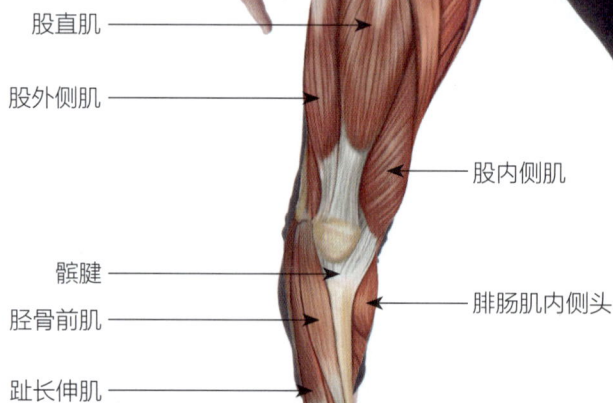

股直肌

股外侧肌

股内侧肌

髌腱

腓肠肌内侧头

胫骨前肌

趾长伸肌

动作顺序

- 躯干在整个练习过程中保持居中，不要倾斜或向任何一侧偏移。

运动技巧

- 弯曲右腿，同时左腿保持伸直。
- 保持右腿屈曲片刻后，伸展右腿，同时弯曲左腿，再保持左腿屈曲片刻。
- 重复练习 10 ~ 20 次。

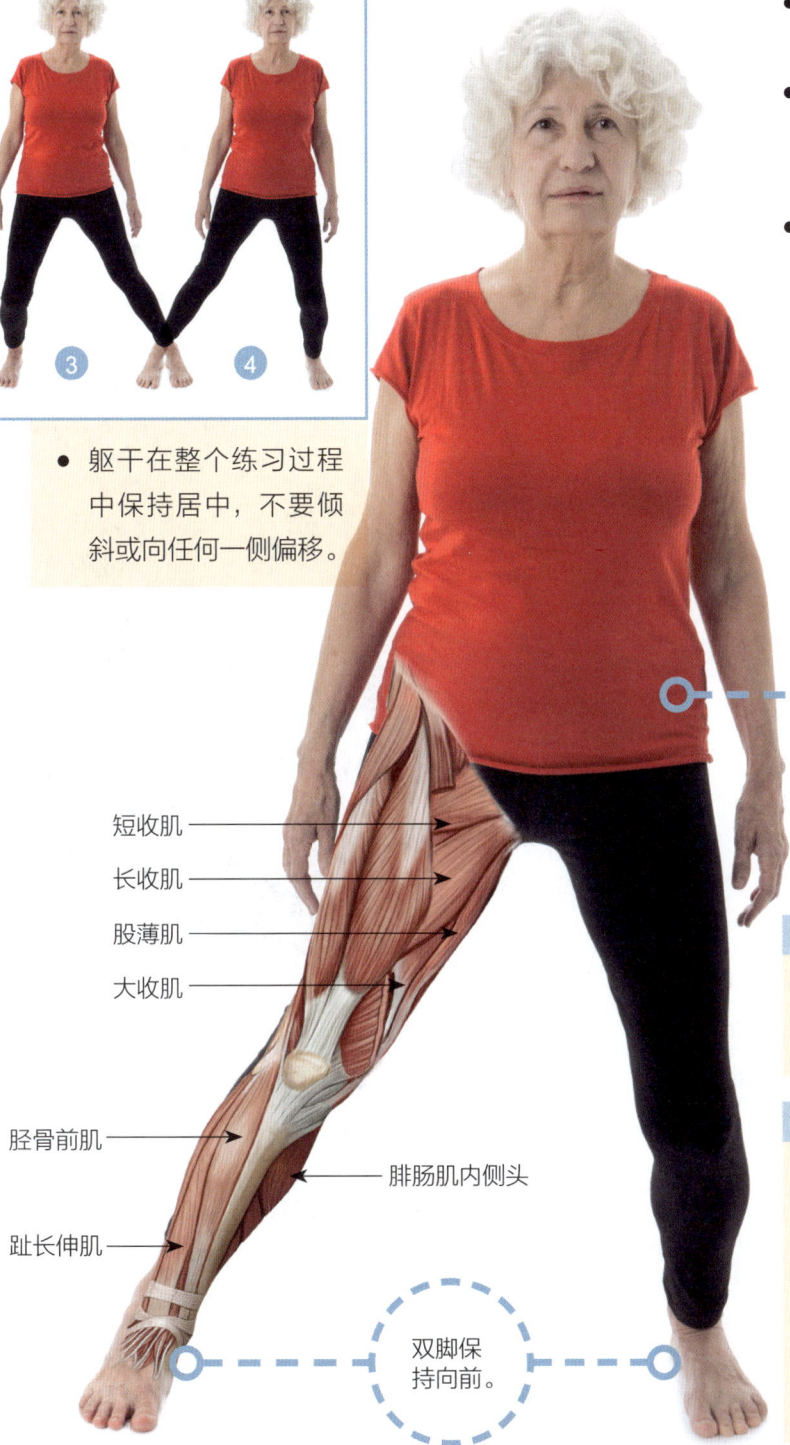

髋部保持平齐。

短收肌
长收肌
股薄肌
大收肌

胫骨前肌

腓肠肌内侧头

趾长伸肌

双脚保持向前。

健康益处

- 增强腿部肌肉力量，强化膝关节。

注意事项

- 不论是从屈曲状态转换至伸展状态，还是反过来从伸展状态转换至屈曲状态，都要缓慢且有节奏地进行过渡。

脚踝动态拉伸运动：足背屈和跖屈

起始姿势

- 采用起始姿势 ② 。

运动技巧

- 抬起右腿并伸直，右脚向上弯曲，进行足背屈拉伸，保持足背屈状态片刻。
- 随后，右脚向下放，脚背伸直向下，进行跖屈拉伸，保持跖屈状态片刻。
- 重复练习 10 ～ 20 次。
- 换至左脚，反方向完成相同的动作。

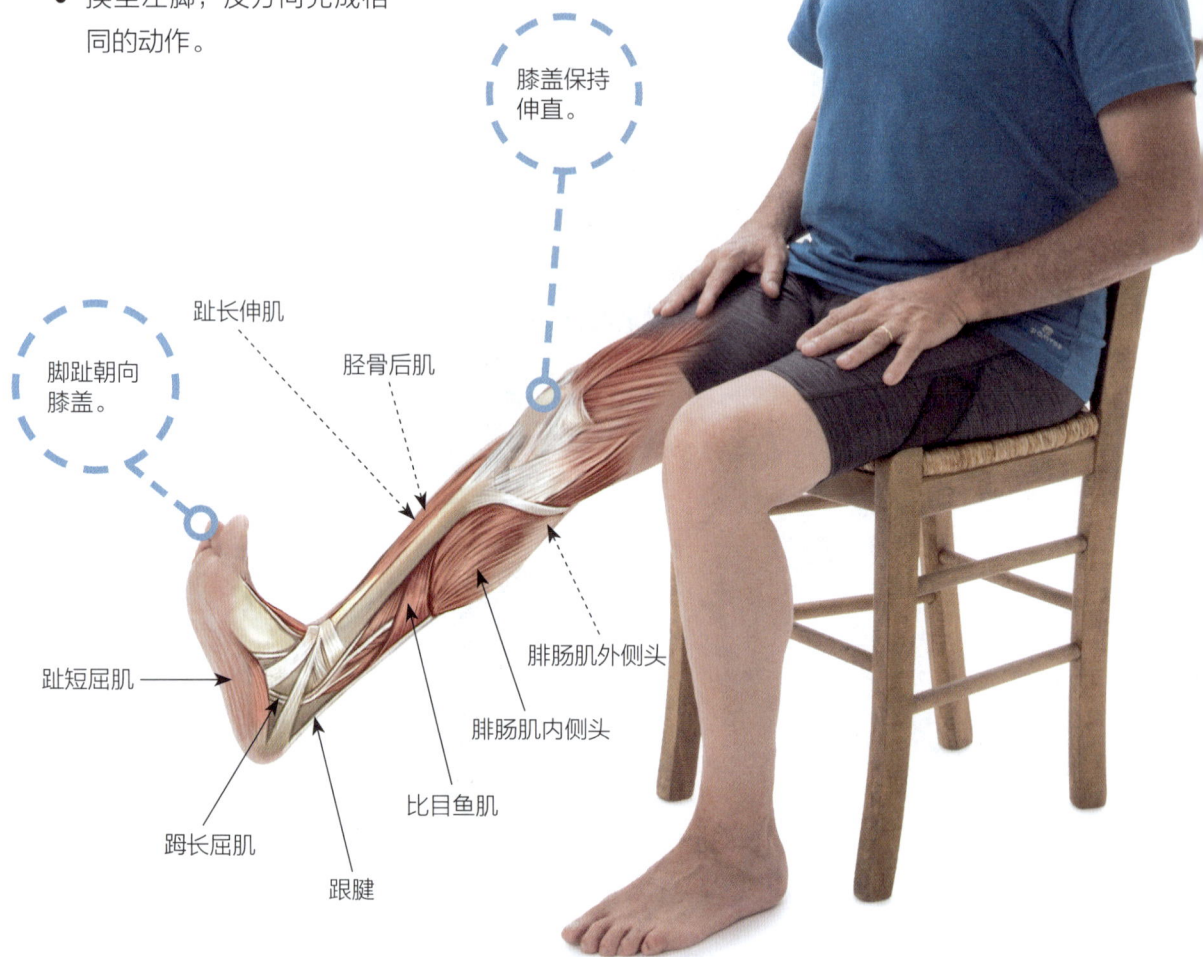

健康益处

- 强化踝关节并有助于扭伤和骨折的恢复。
- 缓解脚部不适。
- 强化腿部肌肉。

膝盖保持伸直。

脚趾朝向膝盖。

趾长伸肌

胫骨后肌

趾短屈肌

𧿹长屈肌

跟腱

比目鱼肌

腓肠肌内侧头

腓肠肌外侧头

动作顺序

- 在身体条件允许的范围内，尽量加大拉伸幅度。

注意事项

- 如果抬起的腿在练习时感到不适，应该将其稍稍放下，使其更靠近地面。

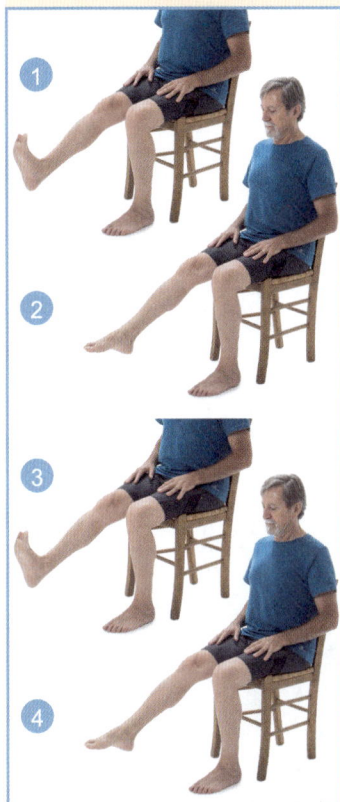

1

2

3

4

腿部保持
不动。

脚趾朝向
地面。

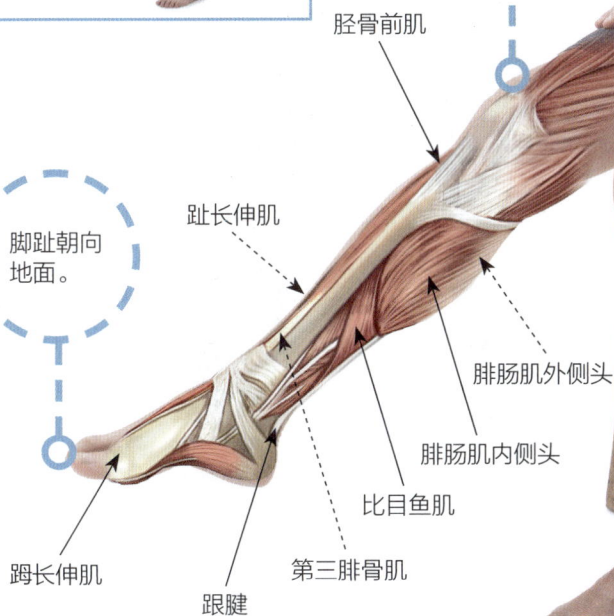

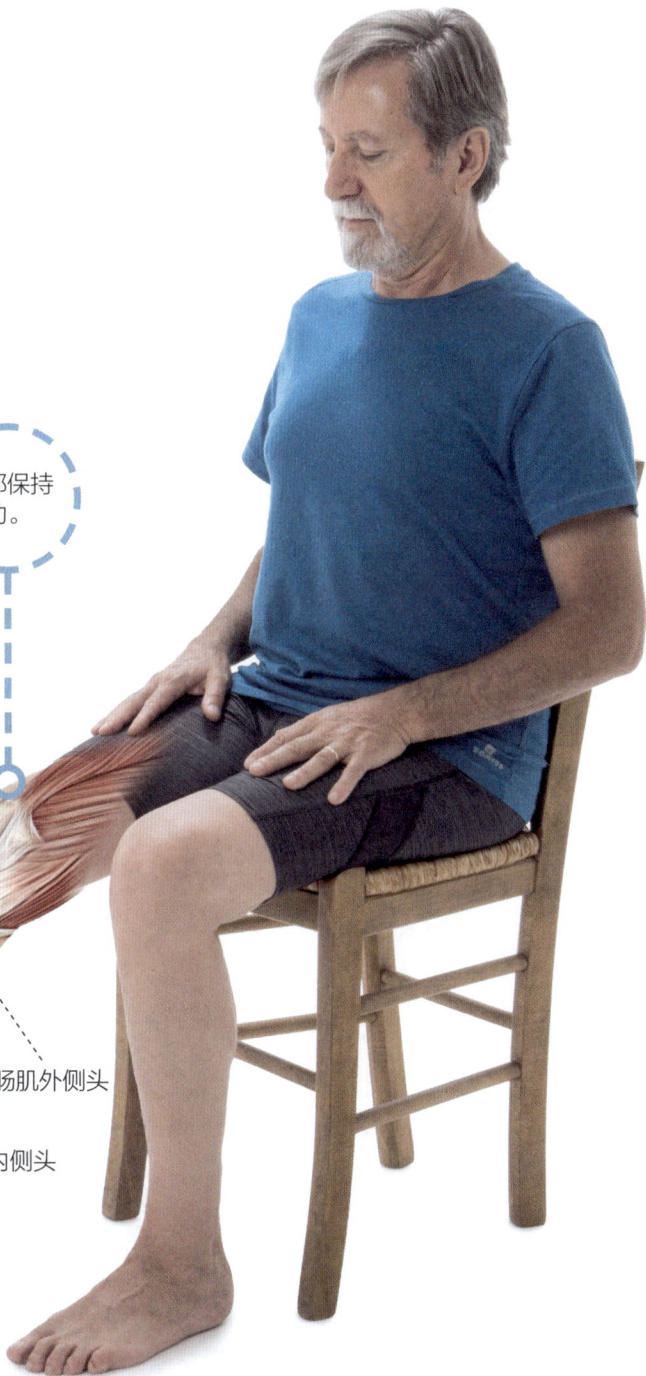

胫骨前肌

趾长伸肌

腓肠肌外侧头

腓肠肌内侧头

比目鱼肌

第三腓骨肌

姆长伸肌

跟腱

脚踝动态拉伸运动：内收和外展

起始姿势

- 采用起始姿势 ② 。

运动技巧

- 双腿略微抬起几厘米的高度，脚趾向内移动，踝关节做内收运动，保持内收状态片刻。
- 然后，脚趾向外移动，踝关节做外展运动，保持外展状态片刻。
- 重复练习 10 ～ 20 次。

健康益处

- 活动脚踝，有助于扭伤和骨折的恢复。

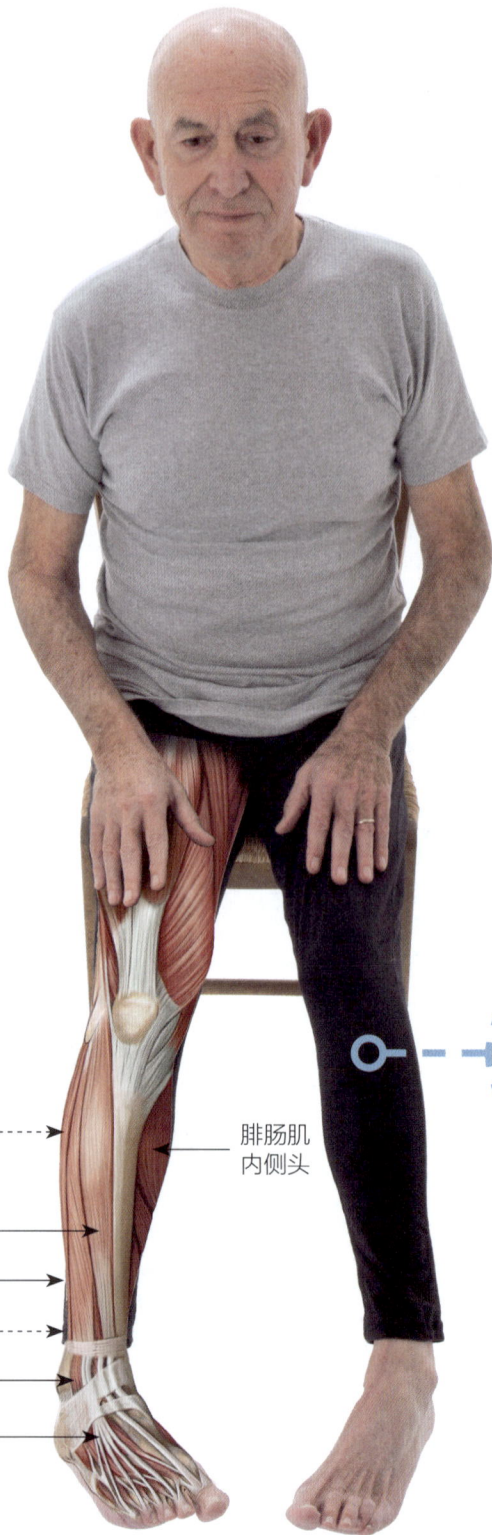

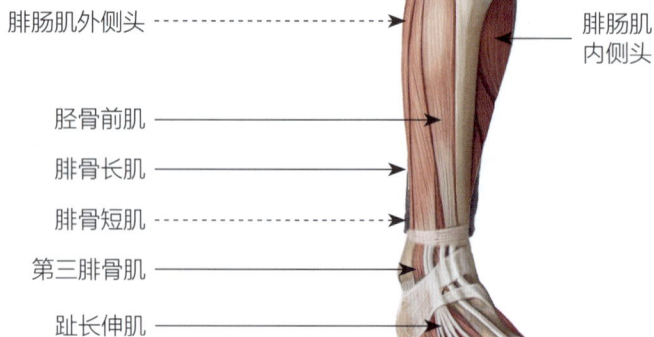

膝盖保持伸直。

腓肠肌外侧头

腓肠肌内侧头

胫骨前肌

腓骨长肌

腓骨短肌

第三腓骨肌

趾长伸肌

动作顺序

① ② ③ ④

- 双脚同时进行内收和外展运动。

注意事项

- 拉伸期间保持脚部放松，以防止肌肉紧张。

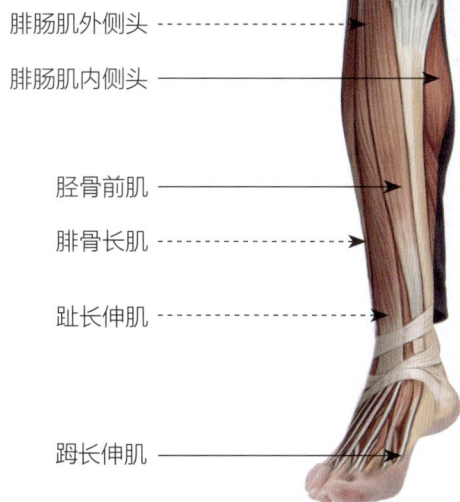

腓肠肌外侧头

腓肠肌内侧头

胫骨前肌

腓骨长肌

趾长伸肌

蹰长伸肌

动作始于脚的前部。

脚趾放松。

脚踝动态拉伸运动：向外环绕

起始姿势

- 采用起始姿势 ②。

运动技巧

- 将右腿伸直抬起，脚趾向下弯曲，进行足跖屈。然后，慢慢地带着外展的动作将脚向上旋转并向外移，直到脚处于足背屈状态。接着，用内收的动作再次进行足跖屈，回到起点。重复完整的动作序列 10 ～ 20 次。
- 换左脚，反方向完成相同的动作。

健康益处

- 增强踝关节的稳定性。
- 预防和缓解可能产生的足部损伤。

动作顺序

- 向外环绕的整个过程实际上是 4 个脚踝拉伸动作按照如下顺序进行的结合：跖屈—外展—足背屈—内收。

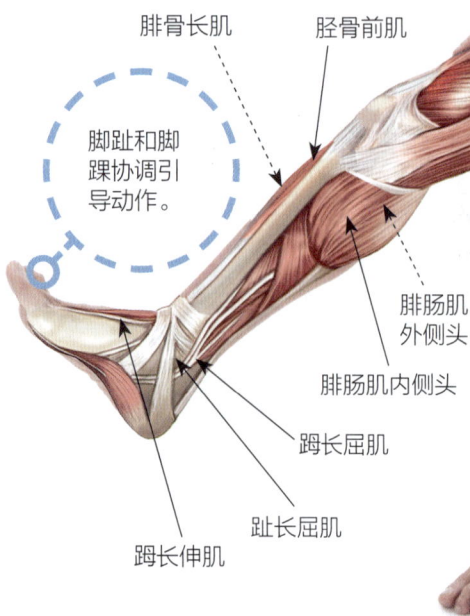

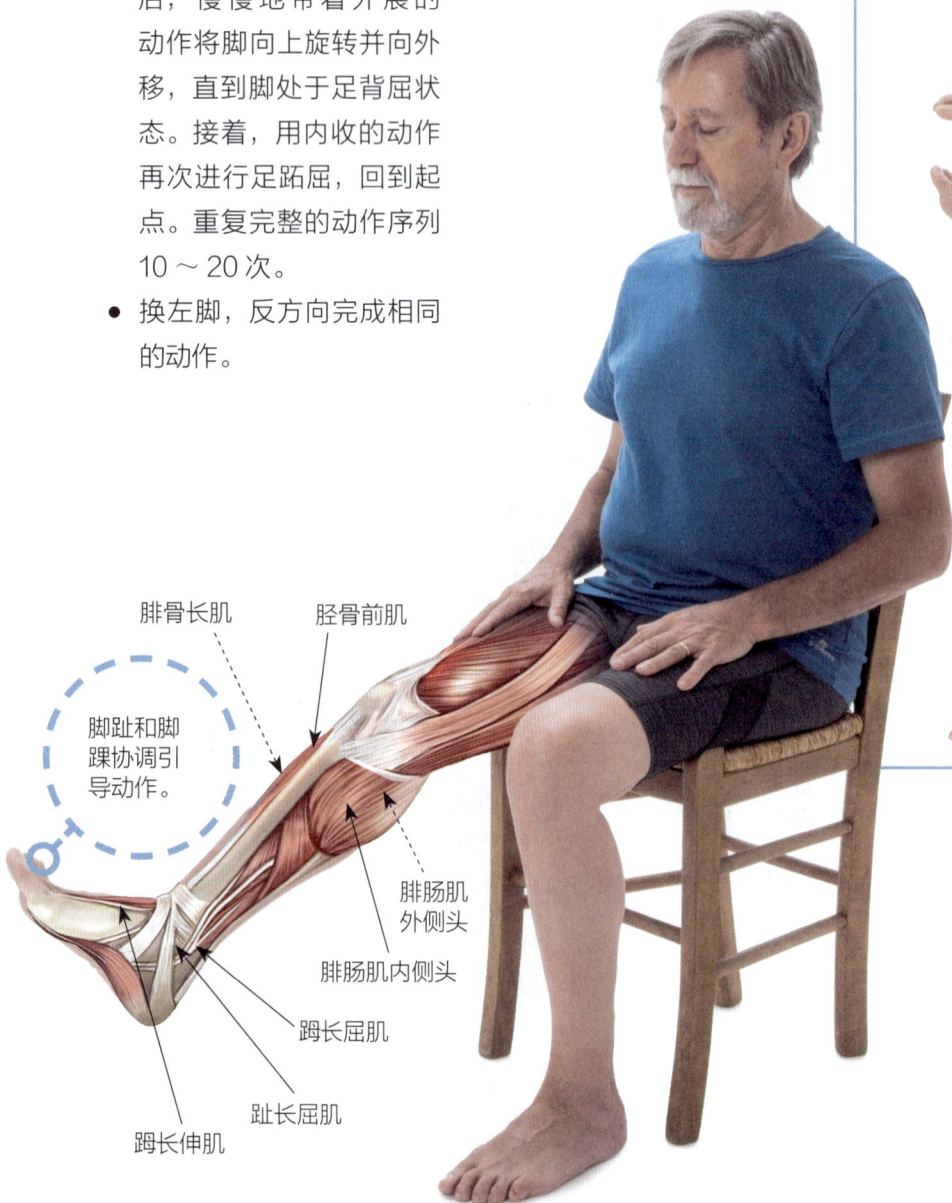

脚趾和脚踝协调引导动作。

腓骨长肌

胫骨前肌

腓肠肌外侧头

腓肠肌内侧头

踇长屈肌

趾长屈肌

踇长伸肌

脚踝动态拉伸运动：向内环绕

起始姿势

- 采用起始姿势 ② 。

运动技巧

- 右腿抬起并伸直，脚趾向下弯曲，进行跖屈练习。然后，脚踝开始内收，带动右脚向上和向内移动，直至右脚变为足背屈状态。接下来，脚踝开始外展，带动右脚向下和向外移动，直至右脚变回跖屈状态。最后，双脚回到起始位置。
- 重复练习 10 ~ 20 次。
- 换左脚，反方向完成相同的动作。

注意事项

- 如果脚踝感到疼痛，应减小脚踝旋转的幅度，不要超过身体极限。

动作顺序

- 向内环绕的整个过程实际上是 4 个脚踝拉伸动作按照如下顺序进行的结合：跖屈—内收—足背屈—外展。

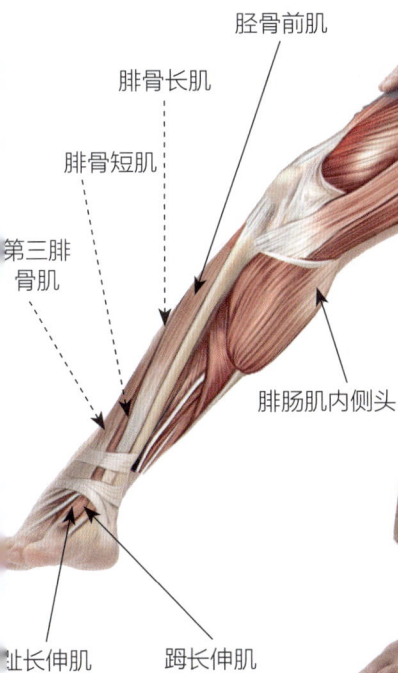

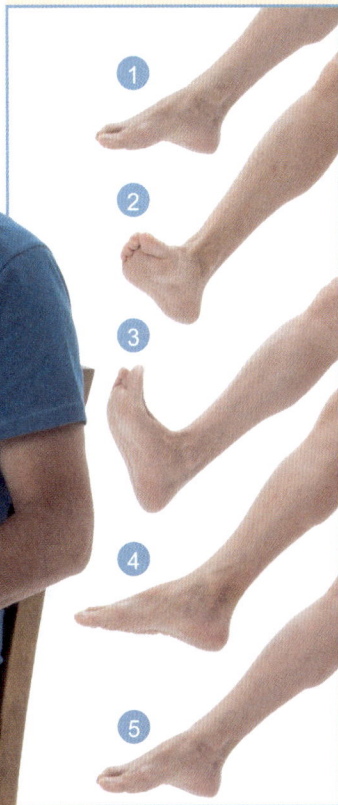

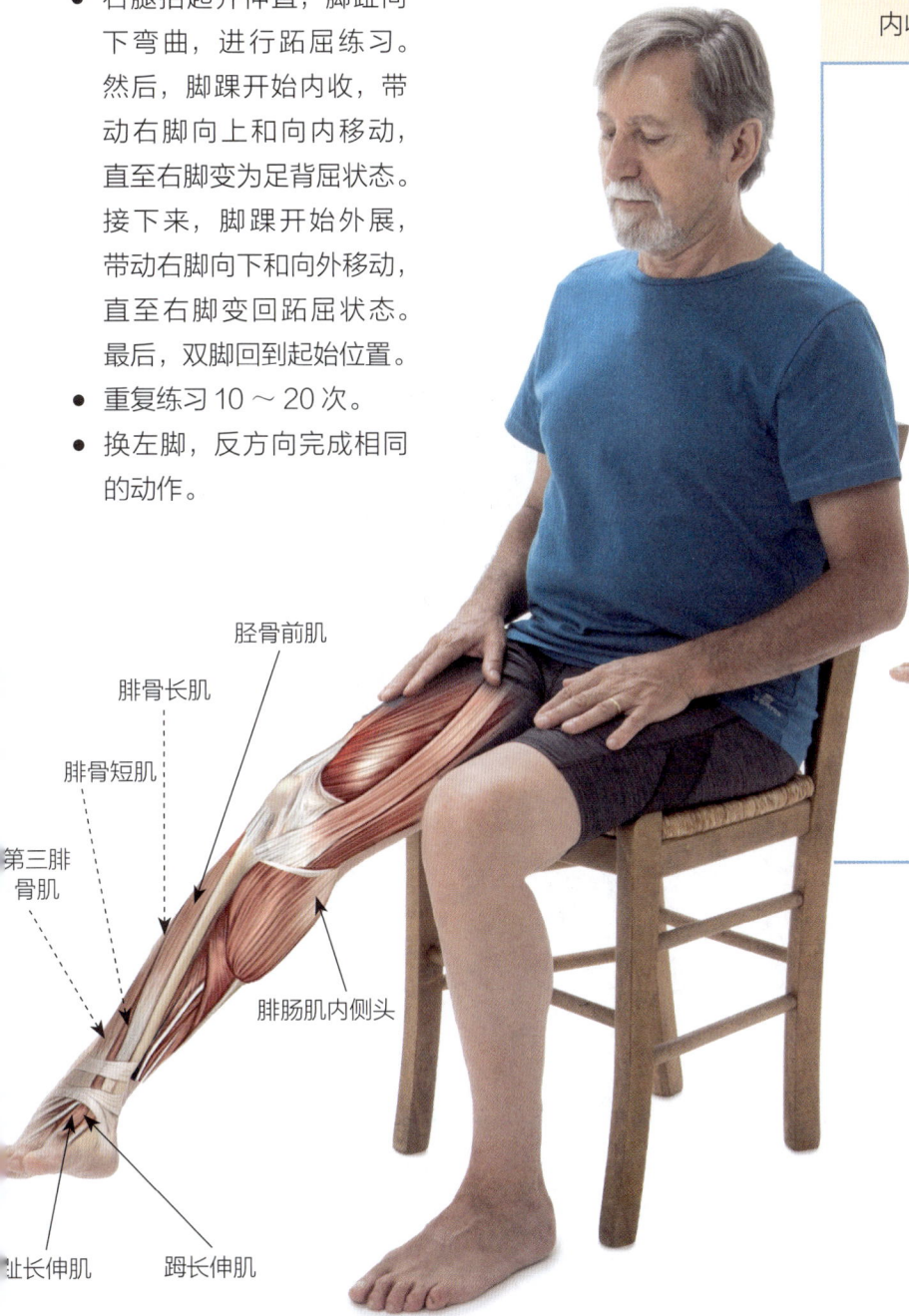

胫骨前肌

腓骨长肌

腓骨短肌

第三腓骨肌

腓肠肌内侧头

趾长伸肌

蹈长伸肌

脚趾动态拉伸运动：伸展和屈曲

起始姿势

- 采用起始姿势 ② 。

运动技巧

- 脚跟贴在地面上，抬起脚掌，朝脚背方向向上伸展脚趾。保持脚趾伸展状态片刻。

- 随后，弯曲脚趾，让它们指向地面。保持脚趾屈曲状态片刻。

- 重复练习 10 ~ 20 次。

腓肠肌内侧头

胫骨前肌

腓肠肌外侧头

趾长屈肌

姆长屈肌

脚趾尽可能地伸展和分开。

姆短屈肌

足底方肌

趾短屈肌

脚跟贴在地面上，以保证拉伸过程中身体的稳定。

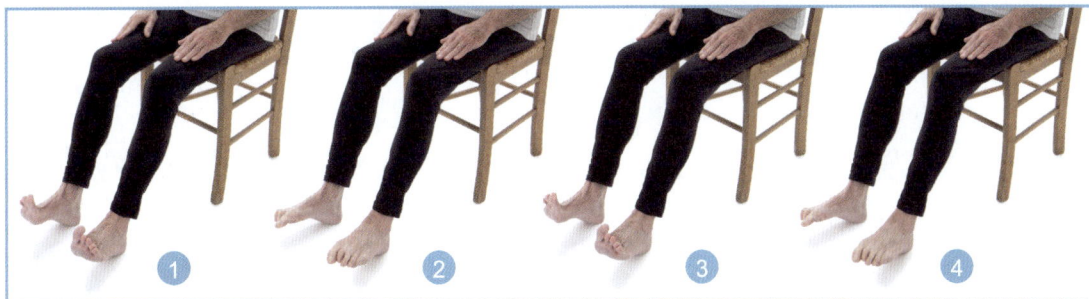

① ② ③ ④

动作顺序

- 脚趾在伸展时相互分开，屈曲时相互靠拢。

注意事项

- 如果脚踝感到不适，应适当降低拉伸强度，让脚掌的一部分也接触到地面。

健康益处

- 增强脚部的支撑力。
- 使脚趾更灵活。
- 增强脚掌、脚踝和小腿的肌肉力量。

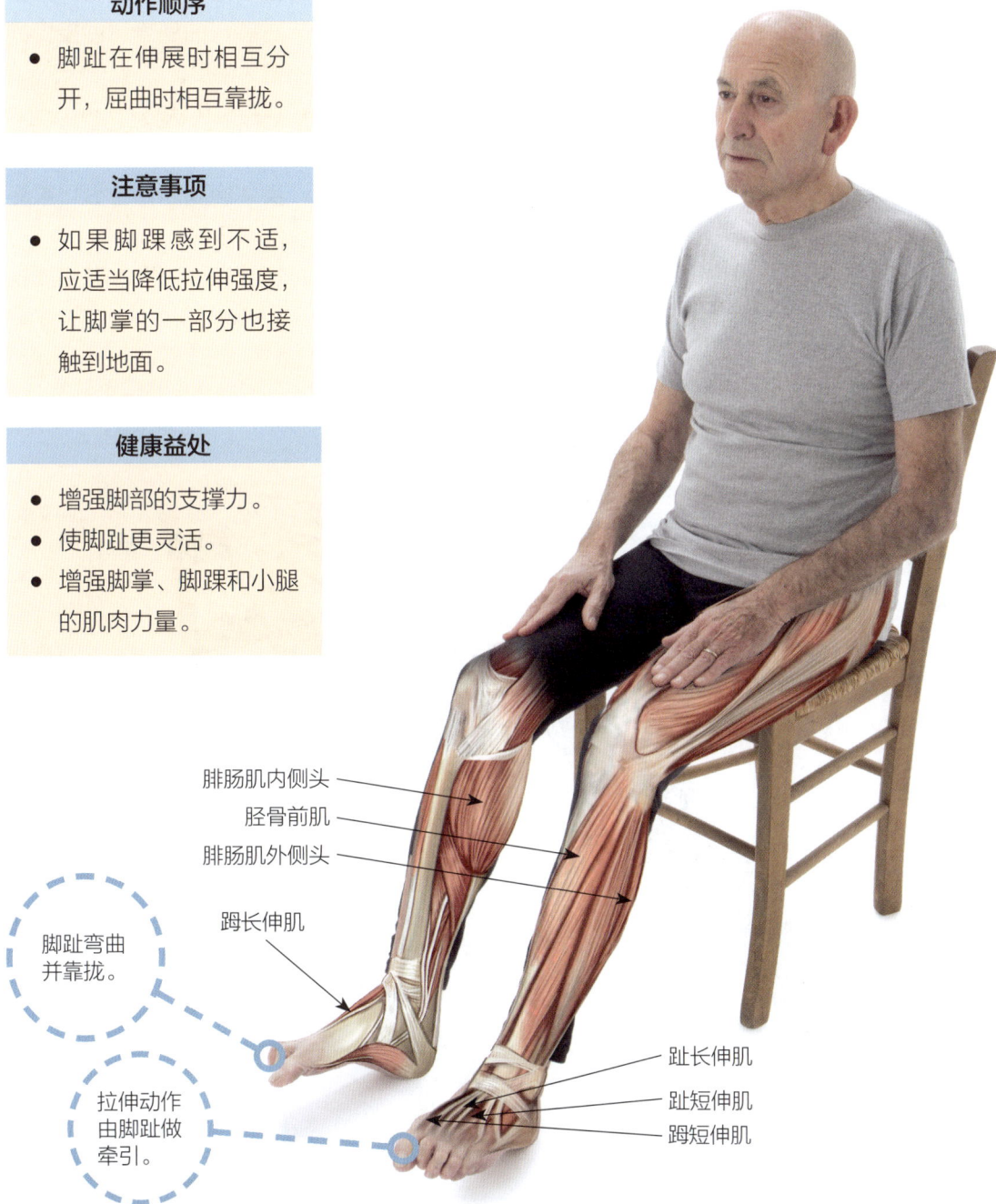

腓肠肌内侧头
胫骨前肌
腓肠肌外侧头
蹈长伸肌

脚趾弯曲并靠拢。

拉伸动作由脚趾做牵引。

趾长伸肌
趾短伸肌
蹈短伸肌

膝关节静态拉伸运动：屈曲和伸展

起始姿势

练习这两种膝关节的运动（屈曲和伸展）应采用如下起始姿势。

- 站在一把侧向摆放的椅子前，椅背对着左腿，左手扶住椅背。右脚抬起并踩在座位上，膝盖弯曲，大腿和小腿形成约 90 度的夹角。双脚均朝向前方。

运动技巧

屈曲练习

- 从起始位置开始，缓缓弯曲右膝，左腿伸直，直至右膝弯曲到身体能接受的最大幅度。
- 保持拉伸状态 10 ～ 15 秒，呼吸节奏缓慢且平稳。
- 身体回到起始位置，重复练习 3 次。
- 换至左腿，反方向完成相同的动作。

躯干保持笔直，不弯曲也不倾斜。

双脚保持向前，紧紧踩在地板和椅子上，不要抬起脚跟。

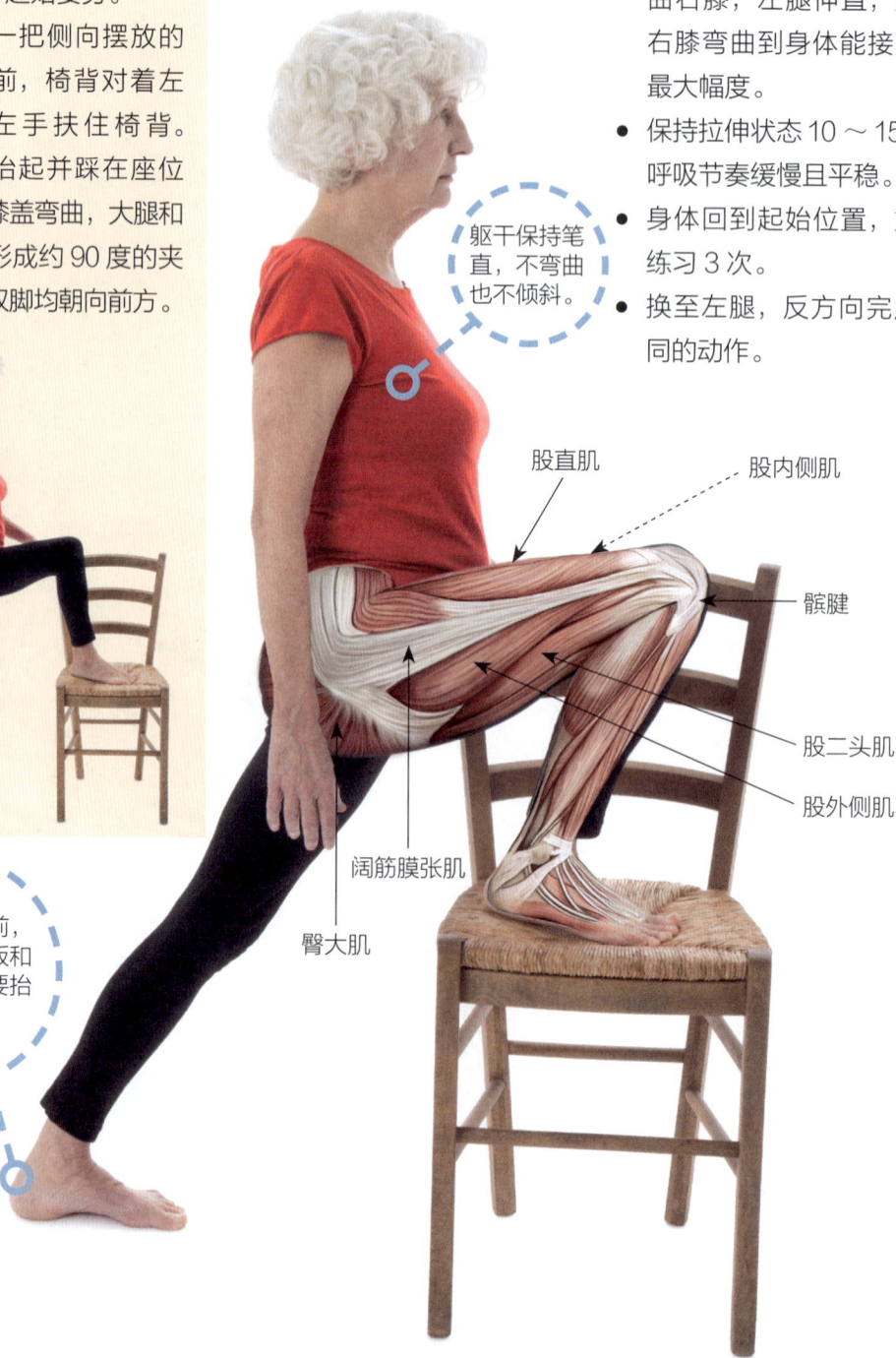

股直肌

股内侧肌

髌腱

股二头肌

股外侧肌

阔筋膜张肌

臀大肌

运动技巧

伸展练习

- 从起始位置开始，伸直右腿，右脚脚跟贴在椅子座位上。
- 保持拉伸状态 10 ～ 15 秒，呼吸节奏缓慢且平稳。
- 身体回到起始位置，重复练习 3 次。
- 换至左腿，反方向完成相同的动作。

注意事项

练习上述两种膝关节的运动（屈曲和伸展）时，有如下注意事项。

- 练习时，最好把椅子靠在墙上，这样可以防止椅子打滑。
- 如果腰部或支撑腿感到不适，可以适当将支撑腿弯曲。
- 在练习伸展运动时，如果感到肌肉紧张，可以稍稍弯曲伸展腿。

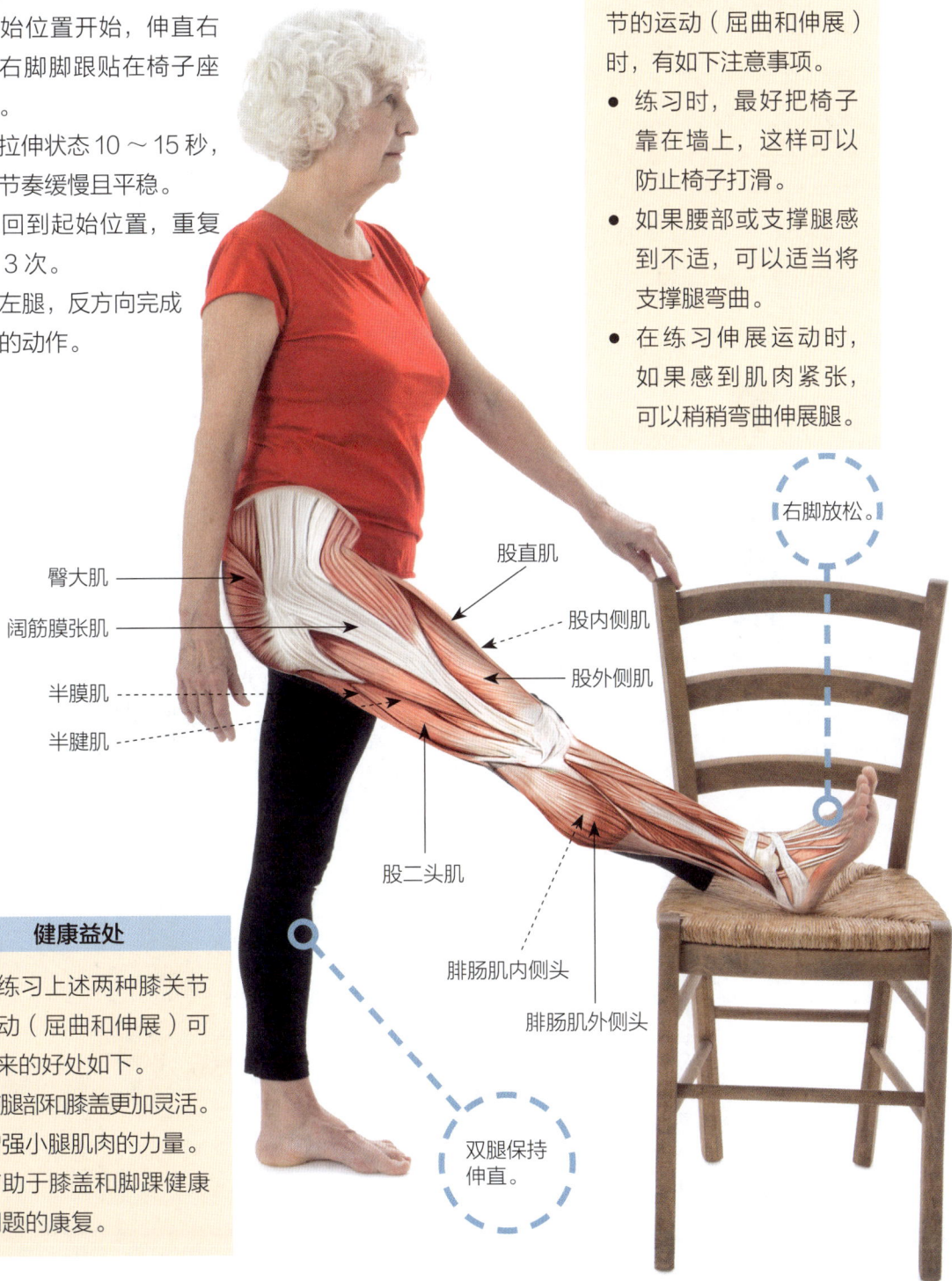

臀大肌

阔筋膜张肌

半膜肌

半腱肌

股直肌

股内侧肌

股外侧肌

股二头肌

腓肠肌内侧头

腓肠肌外侧头

右脚放松。

双腿保持伸直。

健康益处

练习上述两种膝关节的运动（屈曲和伸展）可以带来的好处如下。

- 使腿部和膝盖更加灵活。
- 增强小腿肌肉的力量。
- 有助于膝盖和脚踝健康问题的康复。

踝部静态拉伸运动：足背屈（小幅度）和足背屈（大幅度）

练习这两种脚踝的运动［足背屈（小幅度和大幅度）］应采用如下起始姿势。

- 站在一堵墙前，双脚分开与髋部同宽。右腿向前迈一步，使双脚的前后距离大概在 15 ～ 20 厘米之间。双手贴在墙上，与肩部同宽同高。

骨盆微微后倾。

臀大肌

半腱肌

股二头肌

半膜肌

腓肠肌外侧头

大收肌

左侧膝盖保持伸直。

腓肠肌内侧头

比目鱼肌

跟腱

双脚朝前保持不动。

运动技巧

足背屈（小幅度）练习

- 右腿在前，右膝弯曲，伸直左腿，双脚进行足背屈运动。双手推墙壁，同时左脚踩实地面。保持拉伸状态 10 ～ 15 秒。
- 身体回到起始位置，重复练习 3 次。
- 换至左腿在前，反方向完成相同的动作。

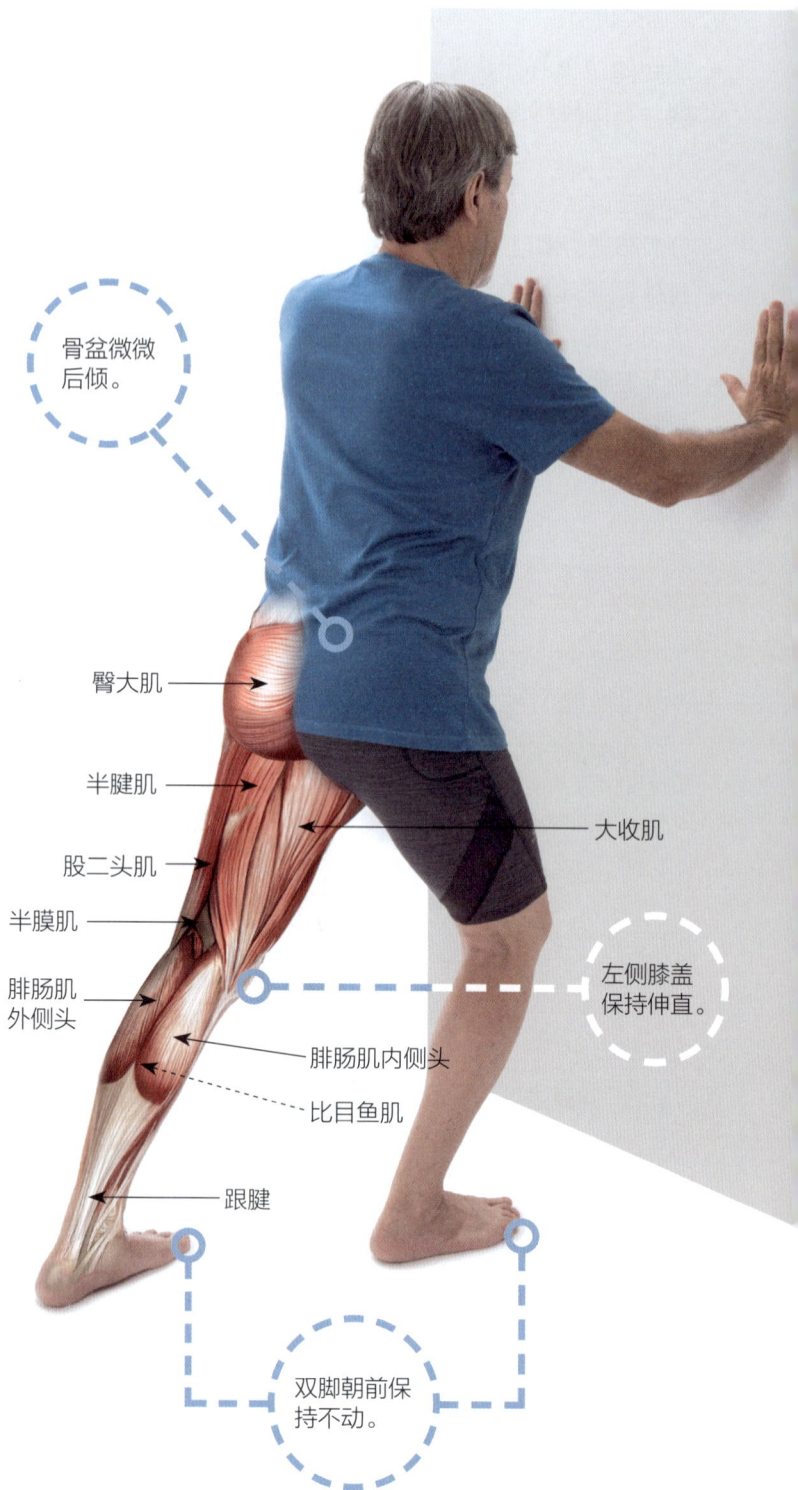

足背屈（大幅度）练习

- 右腿在前，双膝均弯曲，双脚进行足背屈运动。双手推墙壁，同时左脚踩实地面。保持拉伸状态 10 ～ 15 秒。
- 身体回到起始位置，重复练习 3 次。
- 换至左腿在前，反方向完成相同的动作。

健康益处

练习上述两种脚踝运动 [足背屈（小幅度和大幅度）] 可以带来的好处如下。

- 增强踝关节的灵活性。
- 改善行走姿态。
- 强化脚部和小腿肌肉。
- 缓解跟腱不适等健康问题。

注意事项

练习上述两种脚踝运动 [足背屈（小幅度或大幅度）] 时，有如下注意事项。

- 在练习时，如果后侧腿肌肉感到过于紧张，可以适当放松后侧脚，无须踩实地面。

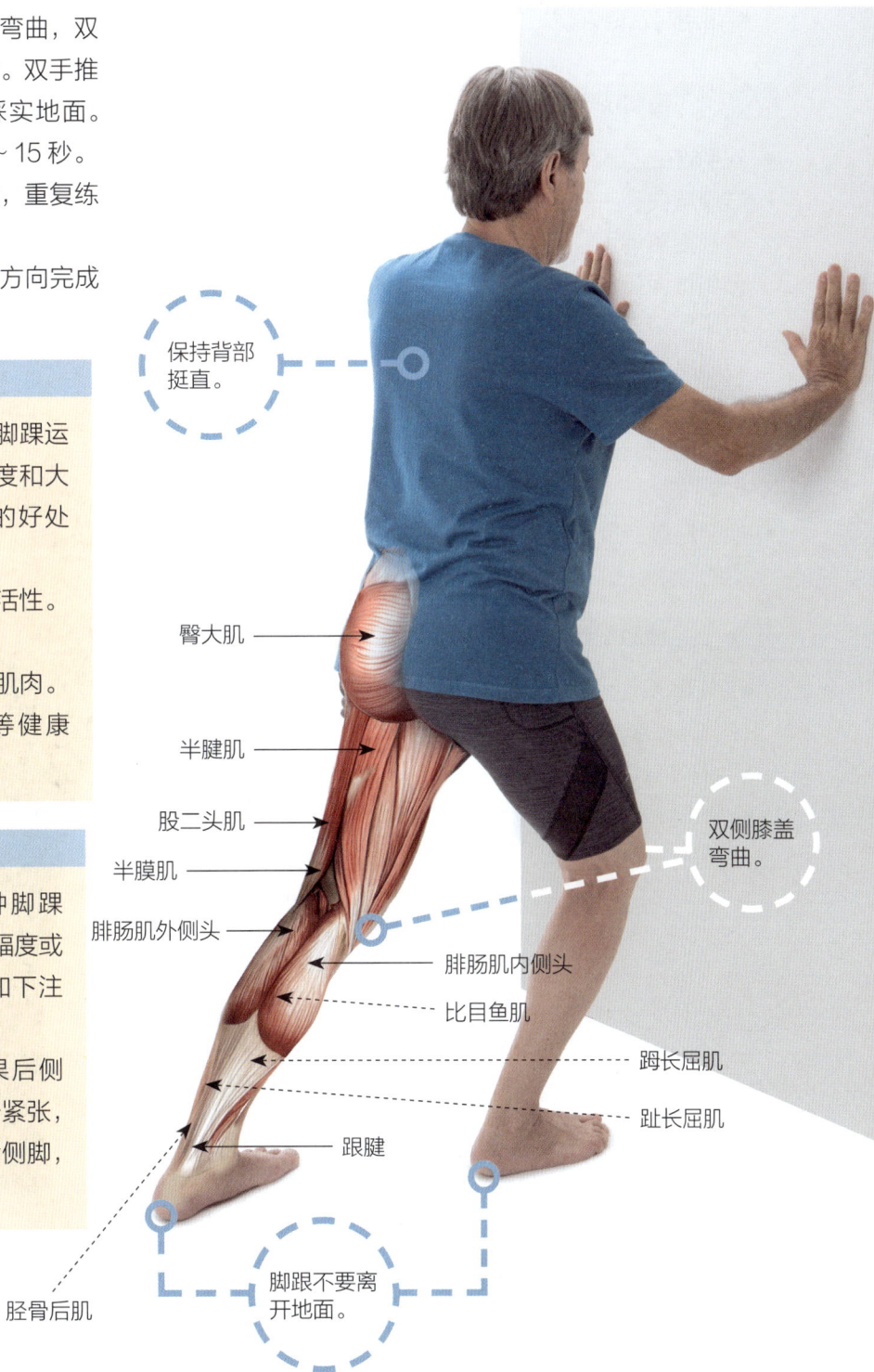

保持背部挺直。

臀大肌

半腱肌

股二头肌

半膜肌

腓肠肌外侧头

双侧膝盖弯曲。

腓肠肌内侧头

比目鱼肌

跗长屈肌

趾长屈肌

跟腱

胫骨后肌

脚跟不要离开地面。

脚趾静态拉伸运动：伸展

起始姿势

- 采用起始姿势❶。

运动技巧

- 双手放在髋部两侧。
- 右膝弯曲，右脚脚跟和脚掌都抬离地面，只有脚趾仍和地面接触。每根脚趾尽量保持伸直，向地面轻轻施加压力，做伸展运动。保持拉伸状态 10 ~ 15 秒。
- 身体回到起始位置，重复练习 3 次。
- 换至左脚，反方向完成相同的动作。

健康益处

- 强化脚趾和脚踝的力量。
- 纠正爪状趾和踇外翻。
- 降低脚部抽筋的可能性。

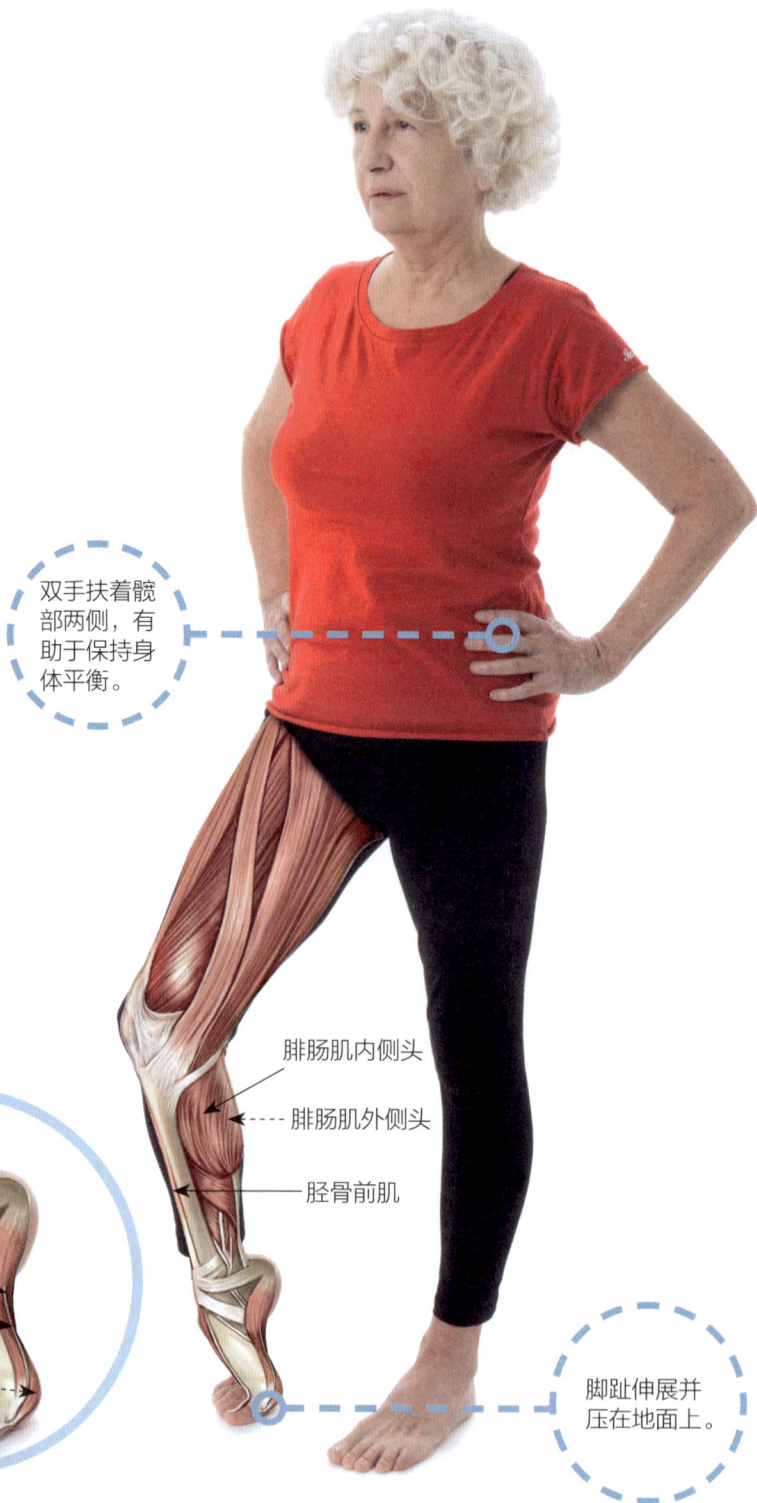

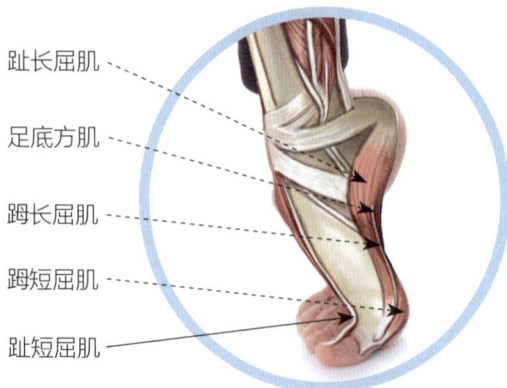

双手扶着髋部两侧，有助于保持身体平衡。

腓肠肌内侧头

腓肠肌外侧头

胫骨前肌

趾长屈肌

足底方肌

踇长屈肌

踇短屈肌

趾短屈肌

脚趾伸展并压在地面上。

脚趾静态拉伸运动：屈曲

起始姿势

- 采用起始姿势①。

运动技巧

- 双手放在髋部两侧。
- 右膝弯曲，右脚脚跟和脚掌都抬离地面，只有脚趾仍和地面接触。每根脚趾尽量弯曲，向地面轻轻施加压力，做屈曲运动。保持拉伸状态5～10秒。
- 身体回到起始位置，重复练习3次。
- 换至左脚，反方向完成相同的动作。

健康益处

- 缓解脚趾僵硬。
- 减轻足底压力。
- 增强脚背肌肉力量。

注意事项

练习上述两种脚趾运动伸展和屈曲时，有如下注意事项。

- 趾关节体积比较小，更为脆弱，因此不要施加太大的力量，拉伸动作要轻柔。

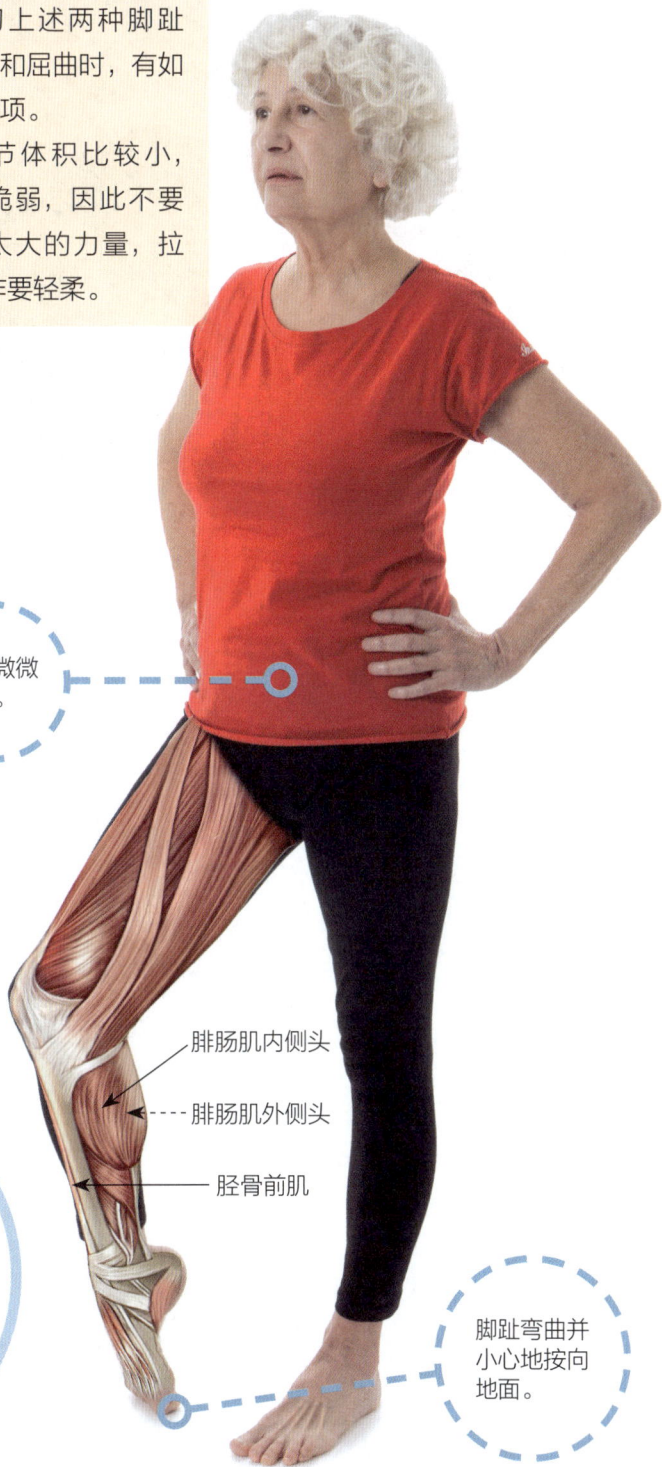

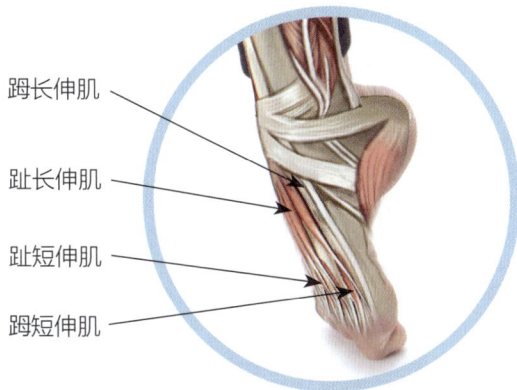

骨盆微微后倾。

腓肠肌内侧头

腓肠肌外侧头

胫骨前肌

脚趾弯曲并小心地按向地面。

蹬长伸肌

趾长伸肌

趾短伸肌

蹬短伸肌

健康习惯

　　健康习惯这一说法非常普遍，它存在于方方面面中，影响着人们的衣食住行，引领人们去找寻正确的生活方式，为身心健康做出了积极的贡献。在各种健康习惯中，体育锻炼，尤其是拉伸运动的训练，是最基础也最重要的一种，它极好地增强了人们的体魄。然而，除了拉伸运动的训练，想要拥有高品质生活，人们也需要考虑到一些其他类别的健康习惯，比如饮食、放松、睡眠、接触自然、娱乐休闲和社交等。

饮食

健康的饮食方式配合体育锻炼可以减缓衰老对身体造成的不良影响。可以说，人们摄入的食物对健康状况有着决定性的影响。

保持饮食均衡是很重要的，这样人们才能从饮食中受益。因此，各类的食物都要吃，不能挑食。

尽管饮食的基本原则对所有人都适用，但针对不同的年龄阶段，也有着不同的营养需求。

随着时间的推移，人们的饮食习惯也在发生着变化。在如今的生活中，部分消费者对于肉类的摄入逐渐表示敏感和排斥，因此我们可以发现很多独特的新饮食主义：纯素食主义、蛋奶素食主义、鱼类＋素食主义、白肉＋素食主义等。此外，越来越多的人被检测出对麸质过敏，因此无麸质饮食越来越受欢迎。各类饮食主义的出现使对各种食物的分类变得不再明确，但普遍来说，我们还是将食物分为 5 类。尽管越来越多的人拒绝食用第五类食物（肉类、鱼类和蛋），但他们仍可以通过合理搭配其他类别的食物来平衡膳食。

食物分类和营养素	
蔬菜、水果、草药和植物香料	主要提供维生素、纤维素和矿物质
豆类、坚果、植物种子和植物油	提供蛋白质、脂肪和纤维素
谷物和植物类乳制品	提供碳水化合物和纤维素
动物类乳制品	提供蛋白质和钙
肉类、鱼类和蛋	提供蛋白质

一份均衡的饮食应包含 5 种不同类别的食物

中老年人的营养需求

随着年龄的增长，身体机能会发生变化，因此需要调整饮食习惯以均衡营养的摄入。

因为身体消耗的能量减少，所以中老年人应该少吃。但另一方面，中老年人的消化功能开始减弱，胃液分泌变少，消化进程变得更为困难，肠道的吸收减少，这些都会导致身体基本营养素的流失。因此，中老年人应额外增加一些食物种类的摄入来弥补身体营养的缺失。在烹饪时（尤其是烹饪蔬菜时），最好可以使用整体

烘烤、蒸制或煮制的方式，这样有助于保留食物中的大部分营养物质。

为了促进消化、排毒和补水，另一个建议是，最好每天都喝够足量的水，不要等感觉到渴了才去饮水。每顿饭后喝一小杯水是非常好的习惯。此外，饮用花草茶，清汤和肉汤都有助于保证身体水分的补充。

在热水的辅助下，花草中的药用成分可以更好地溶解，因此饮用花草茶有助于身体排毒和净化

充分饮水可以滋润身体并促进消化功能

饮食种类的建议

- 增加水果、蔬菜和豆类的摄入量，这些食物既能提供人体必需的矿物质和维生素，又能提供纤维素以促进肠道蠕动。

- 增加钙的摄入量。乳制品和绿叶蔬菜中均存在足量的钙元素，但对于乳制品来说，选择脱脂或半脱脂的品种更为合适，这样可以避免摄入过多脂肪。

- 正常食用肉类的话，要注意平衡植物和动物蛋白的摄入量。

- 减少饱和脂肪的摄入量，少吃红肉、香肠和黄油等食物。

- 增加不饱和脂肪的摄入量，橄榄油和鱼类是不错的选择。

- 减少或限制糖的摄入量，因为糖会降低钙吸收的效率，摄入过多也会对身体产生不良影响。

- 控制盐的摄入量，可以使用植物类香料进行调味。

- 不要喝酒和咖啡。

- 少吃罐装食品和预制食品。

- 尽可能食用有机食品，以避免误食杀虫剂、农药和抗生素等物质。

烹饪蔬菜时使用整体烘烤、蒸制或煮制的方式，这样有助于保留食物中的大部分营养物质

饮食习惯的建议

- 保证每日 3 餐或 4 餐，不要跳过任意一次用餐，最好制订一个固定的用餐时间表。
- 饭间不要吃零食。
- 适量进食。
- 选择较好操作的烹饪方式，如蒸制、烘烤或煎。
- 晚餐建议清淡饮食以确保良好的睡眠。
- 最好在放松的环境中和他人共同进食。
- 细嚼慢咽，不要狼吞虎咽。
- 用餐后散步或进行适度的运动以促进消化。

细嚼慢咽有助于食物消化

建议在放松愉悦的环境中用餐

放松

放松对保持身心健康是非常重要的。如果人们一直疲于工作，无论是在身体上还是在心理上都容易出现不适或疾病。缓解疲劳和压力有很多种方法，比如睡眠、散步、洗澡、按摩、社交娱乐、接触自然、听舒缓的音乐等，每个人也有着他自己独属的放松方式。本书中介绍的各种拉伸运动也有助于缓解身体的紧张，使心态更为平和和放松。

除了以上这些比较普遍的放松方式外，目前也有很多种可以在日常生活中主动学习或实践的放松方法。在日常生活中，主动且有意识地进行放松是一种简单但非常有效的调剂方式，它可以深度舒缓肌肉，让身体得到充分的休息，让思绪更为平静。

本节将介绍一种简单且有效的放松方法。

放松前准备

- 找一个安静的空间。
- 可以坐在椅子上，也可以铺好垫子、毯子或隔热垫后躺在地上，还可以躺在床上。
- 放松的同时听一些轻柔舒缓的音乐会有更好的效果。

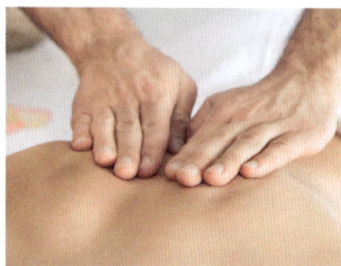

享受按摩，赤脚在海边漫步或在森林中散步都是很健康的放松方式

起始姿势

1. 坐姿

- 坐在椅子上，背部挺直靠在椅背上，骨盆微微后倾，寻找坐骨的支撑。
- 头部与躯干保持一条直线，下巴微微内收。
- 双脚朝前，保持平行且分开。如果双脚不能直接接触地面，可以在脚下放置脚凳、垫子或其他支撑物。
- 双手放在大腿上，手指略微分开。
- 嘴唇微张，下颌放松。

起始姿势

2. 平躺

- 铺好垫子、毯子或隔热垫，仰卧在地上。如果身体感到不适，也可以直接躺在床上。
- 双臂展开放在身体两侧，手掌朝上。
- 双腿分开一定的距离。
- 以这个姿势进行放松时，颈部和腰部获得地面的支撑是很重要的。因此，如果颈部或腰部不能与地面接触，可以在头部和膝盖下面放置垫子、毯子或其他支撑物。
- 嘴唇微张，下颌放松。

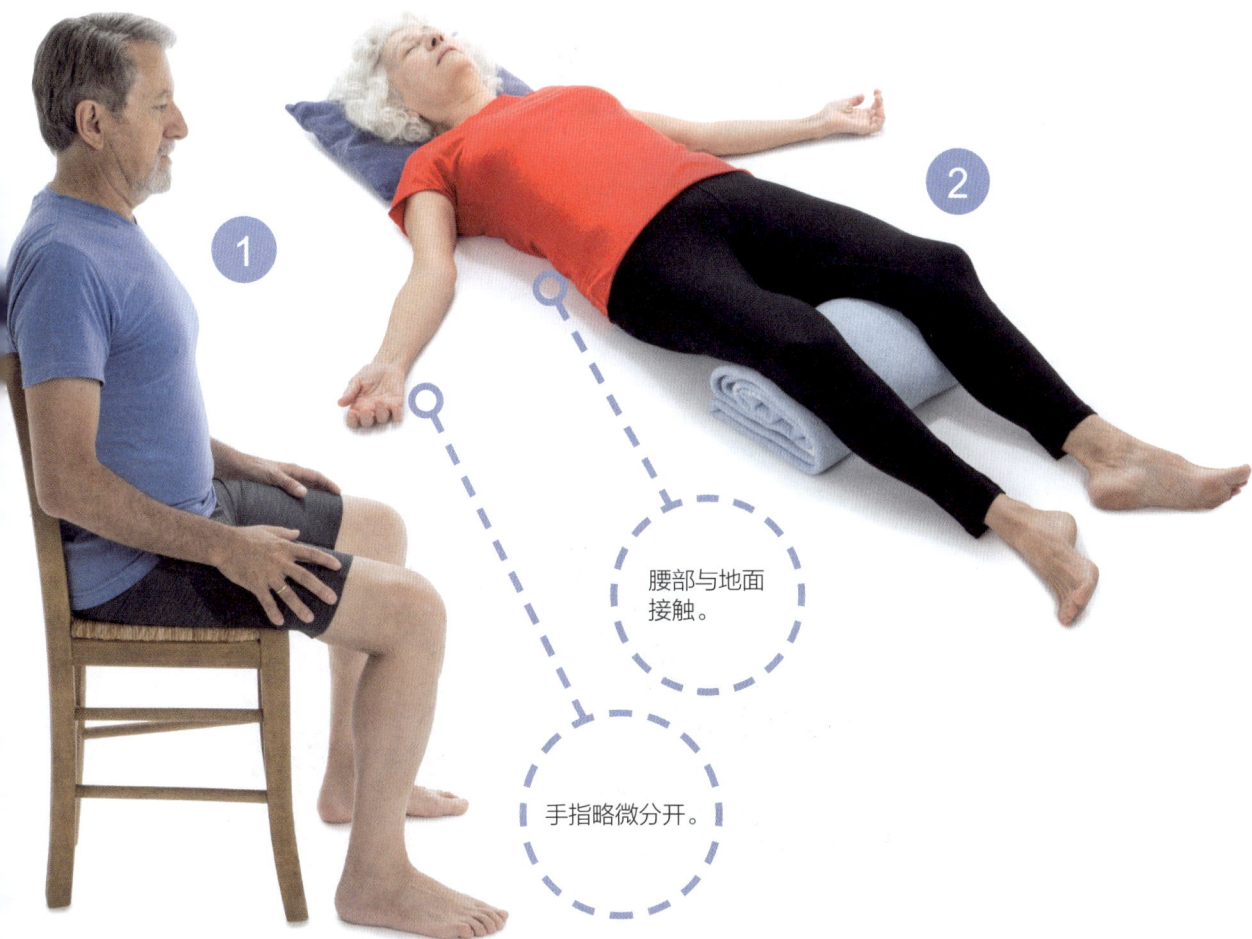

腰部与地面接触。

手指略微分开。

起始姿势

3. 仰卧屈膝

当膝盖下方的支撑物无法支撑背部时，可以用一把椅子来辅助支撑。

- 铺好垫子、毯子或隔热垫，仰卧在地上。
- 双腿弯曲并稍稍分开，小腿放在椅子上，椅子的高度不要太高。
- 双臂展开放在身体两侧，手掌朝上。
- 在头部下面放置一个枕头或毯子做支撑。

3

这个姿势可以确保腰部与地面接触。

起始姿势

4. 侧卧

如果身体不能仰卧，或者觉得上述姿势不太舒服，可以选择这种姿势。

- 铺好垫子、毯子或隔热垫，侧躺在地上；或者直接躺在床上，膝盖保持弯曲。
- 在头部下面放置一个枕头或毯子做支撑。
- 在双膝之间夹一个枕头、毯子或其他支撑物。

4

放松技巧

- 闭上双眼。
- 注意自己的呼吸状态：吸气和呼气要保持平稳和缓慢；腹部在呼吸的带动下有节奏地上下起伏。
- 保持意识清醒，要清楚此刻的时间、地点和身体状态。
- 身体保持不动，开始用心去感受身体的每一个部分，不要着急，缓缓地用心去感受它们，帮助它们放松下来。

（以下为用意识感受身体的放松流程）

身体保持放松。好，现在先看看你的右脚，是不是有些紧张？慢慢地，缓缓地，放轻松……有没有舒服一些？好的，接下来，看看你的右腿，肌肉不要紧绷，放松……

右腿是不是舒服多了？好，现在看看你的左脚和左腿，它们也在渴望着缓解紧张，来，让它们放松下来吧……

很好，下半身是不是不那么累了？现在，看向你的右手，把手指稍稍张开，对，让它们都放松一下……非常好。接下来，放松你的右手腕和右臂，然后是肩膀……很舒适对吧？

现在我们放松左手和左臂，深呼吸，放松……

好的，是不是感觉压力小一些了？现在感受一下你的身体躯干，骨盆不要那么紧张，对，让它自然地放松……

好，骨盆已经放松了，

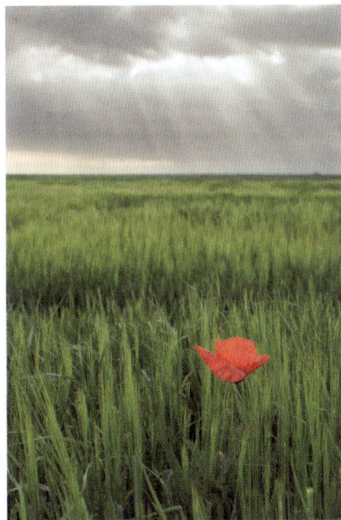

闭上双眼，在脑海里想象出一片如茵的绿草或一湾澄澈的湖水，可以让内心更加放松

现在放松你的髋部、腰部、腹部和胸部，整个身体都松弛下来，不要去想别的……

很舒服是不是？接下来我们要放松背部，肌肉放松……很好，前胸和颈部也不要发力，一起放松下来……

好了，我们马上就要进入最后一部分了。感受一下你的头在哪里？很好，放松下来，五官不要做出表情，寻找你最舒适的方式，放松你脸上所有的器官……下颌放松，可以微微张开嘴，很好……

- 将身体的所有部分都感受一遍，用心体会它们放松的状态。
- 安静地保持起始姿势几分钟，呼吸节奏缓慢且平稳。
- 最后，在脑海里想象一幅平和的图景，它可以是一场落日，可以是一弯湖水，或者任意一个可以让你感到舒适的场景。
- 在结束时，不要猛然起身。缓缓地活动双手、双脚和头部，最后再睁开双眼。

睡眠

睡眠是人类的身体基本需求之一，它对健康至关重要，人们需要通过睡眠来充分休息和恢复体力。每个人的睡眠需求都不尽相同，有些人一天只需要6小时睡眠就可以保持精力充沛，有些人则需要睡10小时以上才能保持清醒。不过普遍来说，"8小时睡眠"是一种健康的习惯。此外，每个年龄段的人对于睡眠也有不同的需求和习惯：随着年龄的增长，大部分人需要的睡眠时间会减少，睡觉时突然醒来的次数会增加，睡眠过程变得断断续续。

睡眠分为多个阶段。最初的阶段是轻度睡眠，渐渐地，人们身体发出的脑电波开始变慢，直至进入深度睡眠阶段，很难被唤醒。随着深度睡眠的进行，大脑会突然进入一个活跃的阶段，我们称之为快速眼动睡眠（REM睡眠），大部分梦境会在这一阶段产生，双眼也会变得更加活跃。快速眼动睡眠可以通过梦境来释放压力和忧虑。

在中老年人的睡眠过程中，深度睡眠阶段和快速眼动睡眠阶段持续的时间较短，而这两个阶段又是保证充分休息所必需的。因此，本节提出了下面这些建议，它们可以帮助中老年人提高睡眠质量。

如何提高睡眠质量

- 确保睡眠环境舒适：需要通风、隔音和避光。
- 选择合适的床垫，不要过硬但也不能过软。被子要选用保暖但轻便的款式。
- 选择舒适的睡姿。最好不要趴着睡（脸朝下），因为这种姿势会引起身体各部位（尤其是颈部和腰部）的不适；也不建议平躺着睡（脸朝上），除非在膝盖下面放置一个支撑物。比较推荐的睡姿是侧卧，这样可以使身体得到充分休息。
- 晚餐要清淡，不要摄入咖啡因或其他会引起兴奋的刺激物。
- 保持平静和愉悦的心情。可以在睡前阅读一本使人心情变好的书，听一些舒缓的音乐，做一些简单的拉伸运动等，这样可以保证人们在入睡时身体平静且放松。

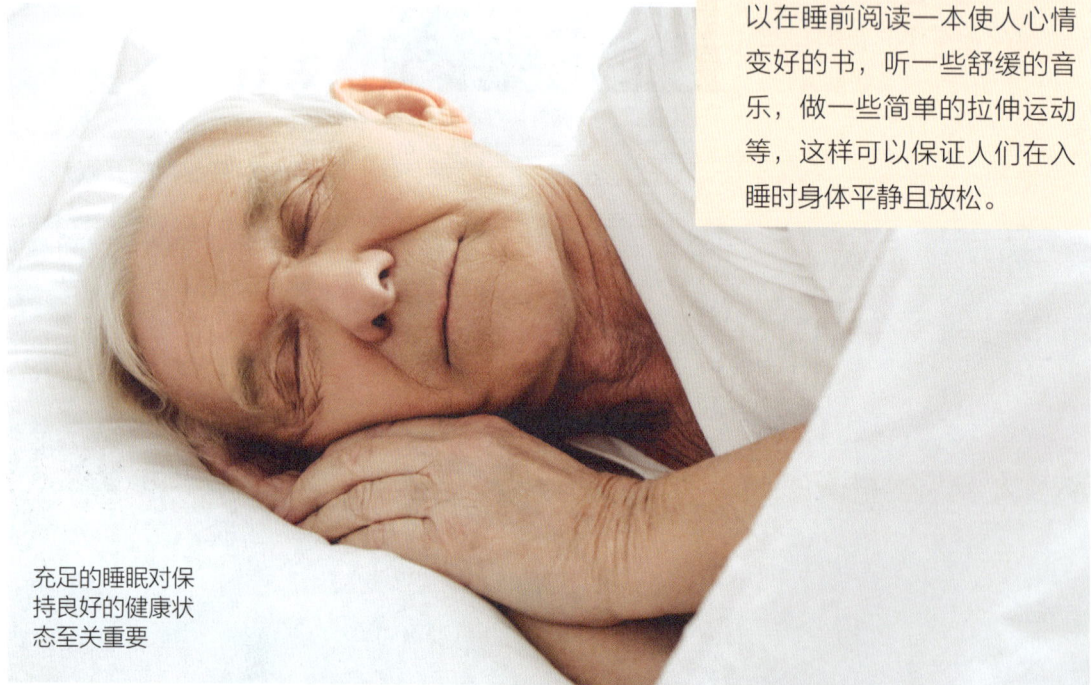

充足的睡眠对保持良好的健康状态至关重要

接触自然

在户外进行放松或锻炼是保持身心健康的必要条件。对于长期生活在城市的人来说，在没有污染的自然风光中放松身心和感受生机是非常有益的。

大自然中蕴含着多种多样的元素，它们可以帮助身体获取能量，刺激身体中的免疫系统，增强身体的防御能力，促使身体分泌内啡肽——一种让人们感到幸福和快乐的物质。

海水浴对身体十分有益，可以使身体镇定下来

触碰和感知树木对身心健康有益，它能够使身体放松下来，有助于释放压力

适合在大自然中进行的活动

- 赤脚漫步在沙滩、草坪或大地上。
- 晒日光浴。
- 在海水、河水或湖泊中沐浴。
- 触碰树木，在树荫下休憩，在森林中漫步。
- 仰望星空，俯视地平线，欣赏日出日落和多种多样的美景。
- 感受清风拂面的凉爽。
- 聆听自然的声音。
- 感受花香。
- 沿着小径或山路徒步旅行。
- 在静谧的环境中享受安逸。

娱乐休闲和社交

随着年龄的增长，人们逐渐卸下了工作的重担和家庭顶梁柱的责任，有了更多的空闲时间。因为每个人的生活方式、性格和习惯不同，这些空闲时间也被用不同的方式度过。与为了分散注意力和打发时间而进行的简单枯燥的消遣活动相比，有意义的娱乐休闲活动可以让人们感受到更多快乐。很多娱乐活动都可以根据人们的爱好和需求进行调整，即使因为种种原因曾经放弃了某些爱好，重新开始学习也是来得及的。

一部分娱乐活动可以单独进行，而另一部分则需要团队的参与。相对来说，需要团队参与的活动对于身心健康更有益，因为它们促成了人与人的相遇和人际关系的发展。

园艺可以缓解紧张和压力，同时可以重塑身体形态

一些常见的娱乐活动方式

- 艺术活动：绘画、雕塑、陶瓷、木工、印刷、缝纫、编织等手工艺活动；音乐、舞蹈、戏剧等表演型艺术活动。
- 健身、瑜伽、气功、太极、按摩等身体锻炼。
- 阅读和写作。
- 计算机和摄影。
- 园艺、种植和烹饪。
- 桌面游戏。
- 学习外语。
- 演讲、看电影、远足、旅行等文化类活动。

什么时候学习都不晚

人类具有社会属性，因此与他人的沟通交流对于保持身心健康至关重要。如果一直都是一个人行动，很多事情无法完成，很多美好也无法感受或共享，生活会变得越来越空虚。相反，发展积极的人际关系则有助于缓解悲伤、焦虑和抑郁等负面情绪。

事实上，到了中老年阶段，人与人之间的关系可以变得更为积极和令人满意。如果仍能和旧友保持联系，那么这段友谊中会充满着默契和爱意；如果和以前的朋友已经失去了联系，现在也是认识新朋友的好时机。在人生的这一阶段，人与人之间的交往不再带有功利和期望，人们都变得更为成熟和平静，因此才更有可能拥有更真挚和充实的相遇相知。

与他人建立良好的人际关系可以有更多机会让自己变得富有和快乐，也容易获得更多的支持和帮助

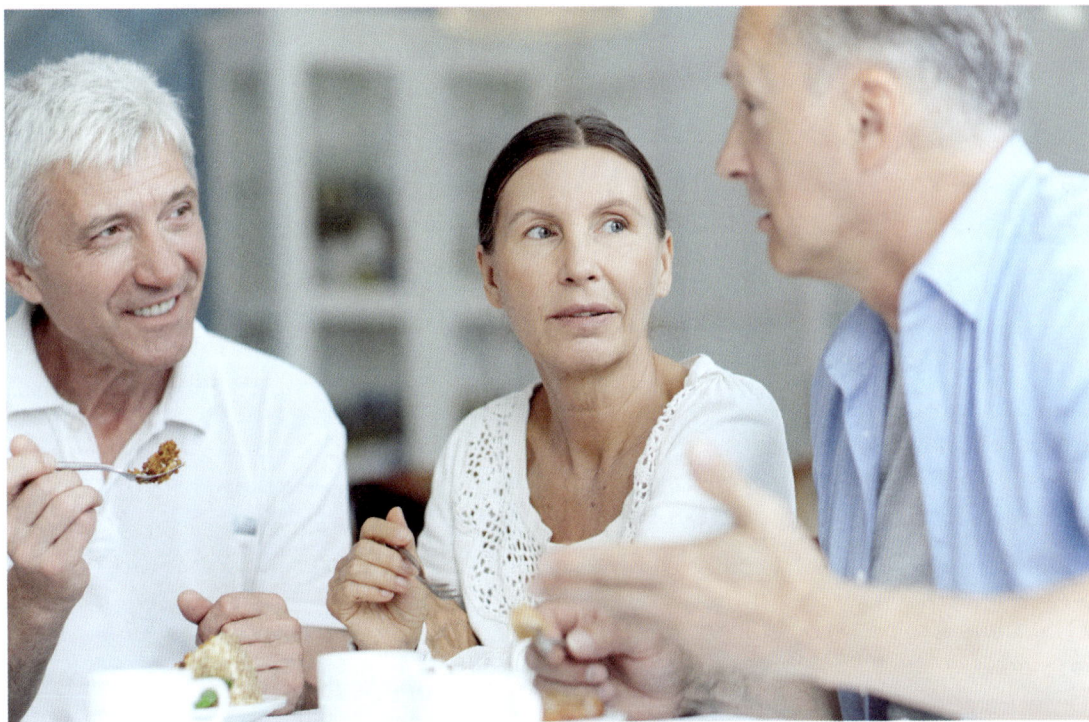

参考文献

Anderson, Robert A.
Estirándose
Integral Ediciones, Barcelona, 1997.

Buer, Robert y Egeler, Robert
Gimnasia, juego y deporte para mayores
Paidotribo, Badalona, 2015, 2.ª reimpr.,
de la 1.ª ed.

Brooks, Charles V.W.
Consciencia sensorial
La Liebre de Marzo, Barcelona, 1966.

Caillet, René y Gross, Leonard
*Más joven y en forma: técnicas para
rejuvenecer*
Urano, Barcelona, 1988.

Calais-Germaine, Blandine
Anatomía para el movimiento (tomo I)
La Liebre de Marzo, Barcelona, 1999, 7.ª
reimpr., de la 1.ª ed.

Calais-Germaine, Blandine y Lamotte,
Andrée
Anatomía para el movimiento (tomo II)
La Liebre de Marzo, Barcelona, 2000, 7.ª
reimpr.

Demolière, Solange
Yoga para la tercera edad
Torema, Barcelona, 1982.

Denys-Struyfm, Godelieve
El manual del mezierista (Tomo I)
Paidotribo, Badalona, 2008.

Gavalas, Elaine
*El pequeño libro de Yoga para alcanzar
la longevidad*
Oniro, Barcelona, 2003.

Indra Devi
Respirar bien para vivir mejor
Javier Vergara editor, Buenos Aires
1995.

Luque, Francisco
Estiramientos para todos
Gymnos Editorial Deportiva, Madrid
2000.

Nelson, Arnold G. y Kokkonen, Jouko
Anatomía de los estiramientos
Tutor, Madrid, 2008, 3.ª ed.

Pont Geis, Pilar
3.ª edad: actividad física y salud
Paidotribo, Badalona, 2014, 4.ª reimpr.
de la 7.ª ed.

Schwind, Peter
Plenitud corporal con el Rolfing
Integral Ediciones, Barcelona, 1989.

Seijas, Guillermo
Anatomía & 100 estiramientos esenciales
Paidotribo, Badalona, 2015.

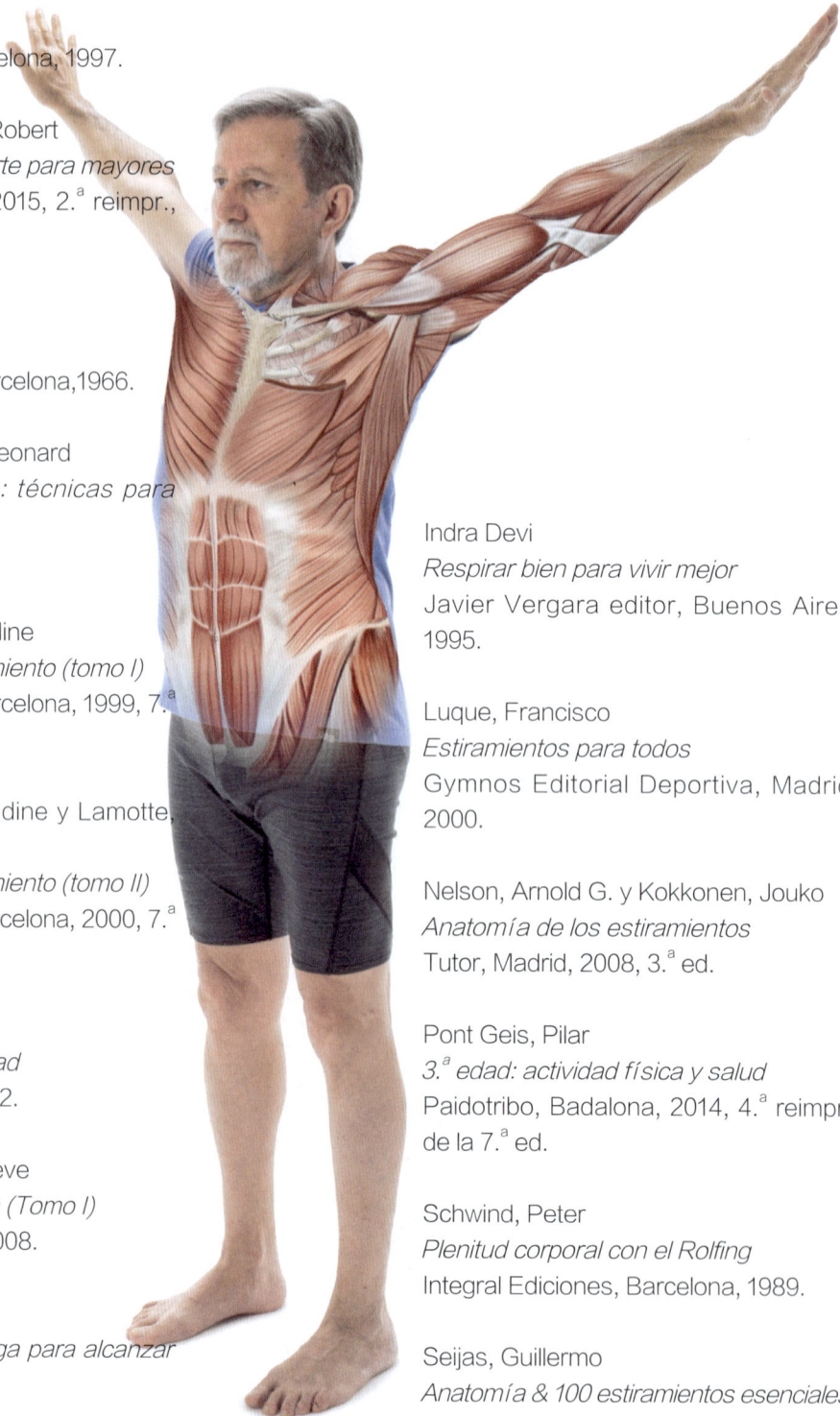

致谢

在此向所有帮助本书问世的人表示感谢。

感谢编辑玛丽亚·费尔南达·卡纳尔（María Fernanda Canal）进行的统筹工作和对本书出版的建议。

感谢康复治疗师努丽亚·科拉尔·费雷尔（Núria Coral Ferrer）在解剖学知识方面提供的细致指导。

感谢插图作者米里亚姆·费隆（Myriam Ferrón）的优秀绘图。

感谢摄影师塞尔希·奥利奥拉（Sergi Oriola）和琼·索托（Joan Soto）提供的照片。

感谢模特安德鲁·穆尼斯（Andreu Muñiz）、维多利亚·莫拉莱斯（Victoria Morales）、利娜·马里尼奥（Lina Mariño）和何塞普·加利亚多（Josep Gallardo）配合参与了照片拍摄。

感谢平面设计师托尼·英格斯（Toni Inglès）为本书进行设计。

感谢审核员罗塞·佩雷斯（Roser Pérez）对本书内容的审校和润色。

——玛丽亚·何塞·波塔尔·托里塞斯（María José Portal Torices）

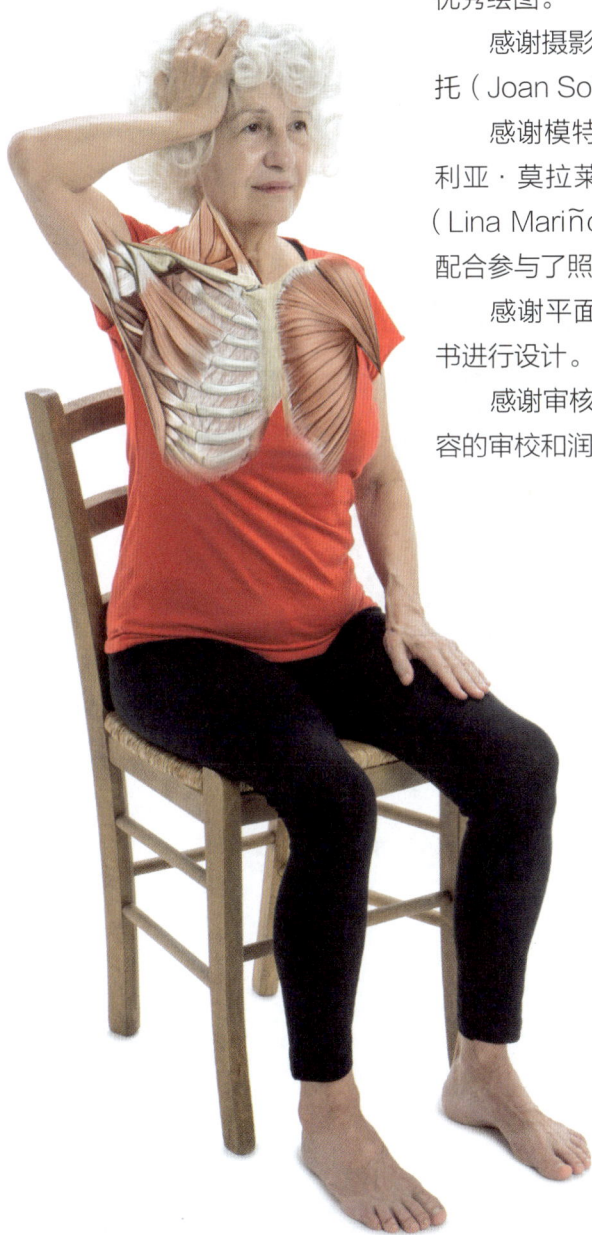

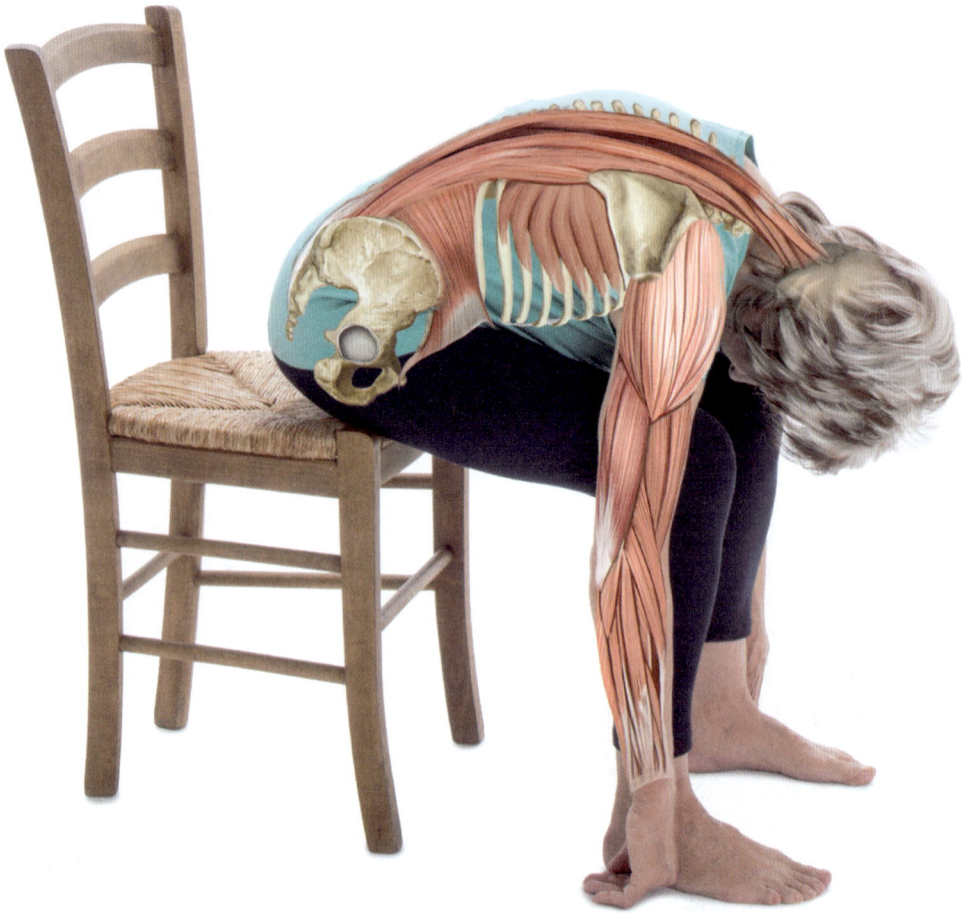